现代跨文化交际教程与实训

董召锋　主编

吉林人民出版社

图书在版编目（CIP）数据

现代跨文化交际教程与实训 / 董召锋主编 . -- 长春：吉林人民出版社，2022.8

ISBN 978-7-206-19500-6

Ⅰ . ①现… Ⅱ . ①董… Ⅲ . ①文化交流—教材 Ⅳ . ① G115

中国版本图书馆 CIP 数据核字（2022）第 201371 号

责任编辑：刘　学
封面设计：皓　月

现代跨文化交际教程与实训
XIANDAI KUAWENHUA JIAOJI JIAOCHENG YU SHIXUN

主　　编：董召锋
出版发行：吉林人民出版社（长春市人民大街 7548 号　邮政编码：130022）
咨询电话：0431-85378007
印　　刷：廊坊市海涛印刷有限公司
开　　本：710mm × 1000mm　　1/16
印　　张：10.75　　字　　数：157 千字
标准书号：ISBN　978-7-206-19500-6
版　　次：2023 年 4 月第 1 版　　印　　次：2023 年 4 月第 1 次印刷
定　　价：58.00 元

前 言 *PREFACE*

随着经济全球化的深入发展，不断更新的现代化传播通信技术，高速便捷的交通运输方式以及多媒体、互联网和大数据平台的产生、创新和运用，不同国家、不同文化背景和不同地区之间人们的交往日益频繁，这一切使得跨文化交际成为全球化时代的突出特征。跨文化交际是文化间的互动、交流和融合，成为时代不可或缺的生活方式。跨文化知识能够为人们营造丰富多彩的学习场景，增强学生学习不同文化的动机和积极性，从而有助于充分发挥不同语言的内在潜力并获得理想的教学效果。作为传播学的一个分支，跨文化交际学是综合传播学、社会学、文化人类学、社会心理学、新闻学、哲学、历史学、民俗学、国际关系学等学科有关理论，并与实践密切结合的学科，因此，在我国对跨文化交际型人才需求日益增长的背景下，对现代跨文化交际的教程与实训进行研究是非常有必要的。

鉴于此，笔者编写了《现代跨文化交际教程与实训》一书，全书在内容编排上共设置六章，从语言、文化和交际，跨文化交际的学科背景，跨文化交际的表现形态、跨文化交际的适应与认同四个方面切入，重点探讨跨文化交际类型与影响、跨文化交际的情景比较、跨文化交际的职场对话、跨文化交际翻译的技巧、跨文化交际能力的培养。

本书有两个特点：一是结构体系完整、文字精练、语言流畅。二是理论联系实际，每章既有抽象的理论探讨，又有具体的内容分析，且在跨文化交际相关内容的探究分析中突出针对性和实效性；在内容上突出系统性和新颖性。全书通俗易懂，既可以作为教师参考用书，也可以作为学生自学自助用书。

笔者在编写本书的过程中，得到了许多专家学者的帮助和指导，在此表示诚挚的谢意。由于笔者水平有限，加之时间仓促，书中所涉及的内容难免有疏漏之处，希望各位读者多提宝贵意见，以便笔者进一步修改，使之更加完善。

目 录 *CONTENTS*

第一章　绪论

第一节　语言、文化和交际

一、语言知识

语言是一套用来交际的符号系统。语言是人与人沟通的重要桥梁，作为一种至关重要的人际交流工具，在社会生活中占据重要地位。离开了语言，人与人之间的沟通就会受到阻碍，因此情感的交流、动作的配合都需要语言，社会的方方面面都离不开语言。

（一）语言的属性

第一，传承性。语言用于日常沟通与交流，多以口耳相传的方式代代相传，作为一种重要的精神产物，我们应当使文化及语言传承下去。

第二，约定俗成性。语言主要用于表达内心的想法与情感，语言最大的特点在于表达所要表达的内容，这就决定了语言的相对随意性，语言可以说是社会发展的重要产物，具有客观实在性。

第三，文化性。语言的文化性通常表现在以下三个方面：首先，语言是文化的外在表现形式，具有文化的一系列特点；其次，语言受文化的制约，文化发生改变时，语言也会相应地发生改变；最后，语言是文化传播、表达的重要载体。

第四，开放性。所谓的开放性是相对而言的，因为语言本身具有自身的一套语法以及结构，并不能够随意进行更改，但与语言的稳定性相比，语言的表达方式、反映的现象其实是多种多样的，语言需要不断更新、调整，这就使语言具有一定的开放性。

第五，模糊性。语言的模糊性主要体现在表现形式上，语言可以被视为一种用于沟通、交流的特殊字符，当然，语言也可以被视为一种经过理性思考的产物。思维的模糊性导致语言也具备模糊的特性，大脑对事物分类、概括的能力是有限的，对这些属性的界定并不清晰，这也是导致语言具有模糊性的重要原因。在人的思维中，并没有对“量”产生明显的界定，事物的众多属性均是在比较中得出结论的。值得一提的是，虽然人的思维对事物的界定是有限的，但理性思维是基于客观事实的，因此模糊性也只是相对而言的。

第六，表象性。除了上述所提到的理性思维外，人的感觉、情感等众多属性都会对语言产生重要影响。语言作为一种特殊的传播媒介，其表现形式多样，无论是音乐、舞蹈等艺术形式，还是建筑、设计等均散发着语言的魅力，可见，语言的表象性对于语言的发展尤为重要。

（二）语言的功能

1. 语言的交际功能

在人际交往中，语言发挥了强大的功能，主要表现在社会交际中。通常情况下，我们可以将人与人在社交生活中的交往方式划分为视觉、听觉、触觉三大类。门铃声、脚步声、音乐等均在听觉的范畴之内，舞蹈、戏剧、交通信号灯、绘画等均为视觉交流的重要方式，触觉多指拥抱、亲吻、握手等。语言的表现形式多样，也是信息传播、获取的重要载体。综上所述，语言在生活中扮演着十分重要的角色。

2. 语言的记录、保存和传播功能

众多专家学者认为，语言可被誉为“古代文化的活化石”，这是因为我们在对古代语言进行分析的过程中，可以大概推断出当时的文化氛围、生活状况，语言来源于生活，是对生活的真实写照，因此我们需要对语言进行记录并修正，充分发挥其传播功能。

二、文化知识

“文化”一词是随着人类历史的发展而不断丰富起来的。在中国的古籍中，“文化”一词来源于“文”和“化”两个字。“文”即指文字、文章、文采。《说文》曰：“文，错画也。象交文。”《左传·昭公二十五年》注：“青与赤谓之文，赤与白谓之章，白与黑谓之黼，黑与青谓之黻。”后又指礼乐制度、法律条文等。“化”是“教化”“教行”的意思。教行于上，则化成于下。《老子·第五十七章》曰：“我无为而民自化。”

就目前而言，文化的定义涉及心理学、社会学、人类学等众多领域的知识。无论是在文化学，还是在人类学中，文化都是指区别于动物的一切活动，但是在实际的文化中，组成文化的要素众多，内涵也更加丰富。

克罗伯和克拉克洪是美国著名的文化学家，两人联合出版了《文化概念和定义的批评考察》，从不同角度、不同方面定义了文化，并对160多种文化定义进行了深刻剖析。截至目前，对于文化相对完善、科学的定义如下：其一，文化是由行为模式构成的，行为模式又可细分为外显模式和内隐模式；其二，人类的突出表现、成就就是文化，文化在人造器物上得到了验证；其三，传统观念在文化中占据重要地位，是文化的重要组成部分；其四，文化产生于创造性的活动中，文化也会反作用于活动。上述所提到的文化的定义，也得到了众多西方专家学者的认可与关注。

总的来说，文化是一个相对抽象的概念，有广义和狭义之分。广义上的文化所涉及的领域相对宽泛，这是因为只要是社会生产生活中所形成的一系列物质基础均可视为一种文化。人们在实践过程中，能够充分发挥其主观能动性，改造并发展自然界，社会实践也是文化的重要组成部分。而狭义上的文化可分为两大方面，一是人类所形成的特有的人生观、价值观，换言之，即人类所接受的标准、体系；二是社会生活中所形成的规则、制度、管理结构，其包括物质和精神两个方面的内容。

（一）文化的界定

“文化是什么？”这是文化研究、文化比较、语言人类学及文化人类学等研究领域都需要面对的元命题。然而，长期以来，人们对“文化”这个运用自如的普通术语的定义、阐释却是众说纷纭，难以给出定论。正如美国人类学家克罗伯和克拉克洪在《文化：关于概念和定义的述评》中所说：“在这个世界上，没有别的东西比文化更难以捉摸。我们不能分析它，因为其成分无穷无尽；我们不能描述它，因为其形态千变万化。当我们要寻找文化时，它仿佛是空气，除了不在我们手中以外，它无所不在。”

克罗伯和克拉克洪对文化的概念进行了深入的研究，其代表作为《文化：关于概念和定义的述评》，这本书中囊括了多种文化定义的方式，可谓诸多文献的集合，所收集到的文化定义方式就有上百种。随着社会的发展，文化的定义也在不断完善、更新。文化所包含的内容实在太多，对于这种抽象、宽泛的概念并不好定义，因此为了更加清晰地阐述这一概念，笔者引入了广义的文化和狭义的文化。在对文化进行定义时，首先需要梳理语义，表达清楚文化的多重含义，其次需要从特征出发，对文化的基本特性进行归纳、整合，最终寻找一个合适的输入点，对文化进行全面概论。

1. “文化”的广义界定

在德语中，文化被译为kultur；在英语中，文化为culture，这与拉丁语中的文化十分相似，均表示尊重、培养、发展的意思。在拉丁语中，cultura是由culus演变而来的，culus代表耕耘、尊敬，还可以代表精神修养，可见，文化与精神修养具有千丝万缕的联系。

广义上的“文化”涉及内容繁多，囊括社会发展的方方面面，人们在社会发展过程中所创造的一切均与文化有关，活动是文化产生的基础。

2. “文化”的狭义界定

汉语中的“文化”一词，由“文”和“化”组成。“文”是象形字，“化”是会意字。《说文·文部》说：“文，错画也。象交文。凡文之属皆从文。”意思是：文，交错刻画（以成花纹），像交错的花纹。大凡文的部属都从文。可见，“文”的本义是各色交错的纹理。查阅文献，我们会发现，用这个本义的如《周易·系辞下》里的记载：“物相杂，故曰文。”

再看“化”，《说文·七部》曰：“化，教行也。从七，从人，七亦。”意思是：化，教化实行。由七、人会意，七表声。“化”的本义为变化，如《庄子·逍遥游》曰：“化而为鸟，其名为鹏。”又如《周易·系辞下》曰：“男女构精，万物化生。”后来，引申为教化之意，如王充的《论衡·佚文》曰：“无益于国，无补于化。”《文选·补亡诗》中所记载的“文化内辑、武功外悠”中的“文化”一词也是这个意思。

苏联哲学家罗森塔尔·尤金在其编写的《哲学小词典》中指出：“从比较狭隘的意义来看，文化就是在历史上一定的物质材料生产方式的基础上发生和发展的社会精神生活形式的总和。”

《现代汉语词典》（第6版）在解释“文化”的定义时指出：“特指精神财富，如文学、艺术、教育、科学等。”查阅《中国大百科全书》，其指出：“狭义的文化专指语言、文学、艺术及一切意识形态在内的精神产品。”

英国人类学家爱德华·泰勒在《原始文化》一书中指出：“（文化是）包括知识、信仰、艺术、道德、法律、风俗及作为社会人员的人所习得的任何其他能力和习惯在内的复合整体。”这是狭义的“文化”的经典定义，是一个里程碑，具有深远的影响力。

总而言之，我们将人类的情感、思想、道德观念、认知等划分为狭义的“文化”。这其实是一种深层次、精神层面的东西，因此文化的传播需要特定的媒介。这种媒介可以是音乐、舞蹈、建筑，也可以是无形的语言，总之，语言在文化传播过程中发挥着至关重要的作用。

值得一提的是，对于文化的界定，有广义和狭义之分，这其实是为了行文结构更加清晰、表达更加清楚，其实狭义和广义是相对而言的，二者联系紧密，并不能将二者分开定义。从逻辑的角度来看，狭义上的文化是广义文化的一部分，二者相互联系、密切相关。物质能够对创造性活动起决定性作用，这也是唯物观点的核心。

（二）文化的分类

同文化的含义一样，文化的分类也是一个颇有争论的问题。最常见的是“两分法”和“三分法”。即使是“两分法”或“三分法”，其类别名称仍有很大的不同。

第一，两分法。影响最大的有三种归类名称：①广义的文化和狭义的文化；②物质文化和精神文化；③社会文化和精神文化。

第二，三分法。三分法的归类名称更复杂，最有影响的亦有三种：①物质文化、制度文化、精神文化；②物质文化、精神文化、艺术文化；③认识文化、价值文化、审美文化。

（三）文化的特征

1. 文化的核心是人

文化是以人为核心的，没有人就没有文化。文化也是只有人类才有的，从中可以看出人类的创造力和智慧性。作为社会成员的人，对文化进行了创造、形成、运用和共享，与此同时，人的行为也会在一定程度上受到文化的束缚，受制于文化，因此我们需要不断地对文化进行改造。文化如果失去了人的主动改造和改变，也就没有了光彩和活力，更别谈生命力了。所以说，我们在对语言和文化进行讨论研究的时候，必须要能够透过语言看到其背后隐藏着的使用者——人，这里的人不仅仅是指听的人，还指说的人，二者的文化差异也可能影响到他们之间的语言交流。

2. 文化为后天习得

泰勒在1817年写《原始文化》一书对文化进行了定义，“作为一个社会成员的人所习得的一切能力和习惯”是其中最为关键的一点。何为习得？就是指并不是先天遗传，而是在后天经过努力学习以后才获得的。文化的习得需要以特定的社会历史背景为依托，在成长的过程中对各类文化属性和文化传统进行不断地获得。在文化人类学当中，将孩子对文化进行学习的过程命名为“濡化”。那些能够被习得的文化随着时间的发展而不断被濡化，进而流传后世。当然，文化也有被直接进行传授的时候。

3. 文化是共享的

文化作为一种属性，并不是以个体为依托而存在的，只有在群体当中，个体才会表现出文化属性，文化要想进行共享、传递，就必须依赖社会。在《人类学——人类多样性的探索》这本书中，对于“文化”属性有专门的介绍："分享共同的信仰、价值观、回忆和期望，把成长在同一文化中的人们联系起来。"尽管文化是在不停地发展变化的，但仍旧有一些东西是历经岁月而长久保持不变的，如世界观、价值观、子女教育实践等。此外，共享的文化背景影响力也是不容小觑的。

4. 文化是象征的

不管是对文化的习得来说，还是对人类的其他习得来说，象征的作用和地位都是相当重要的。在一定的语境和背景下，借助某种口头事物或非口头事物对其他事物进行表示的方式，就是象征。需要注意的是，在象征和它所指代的事物之间，并不存在必然联系，二者之间甚至可能没有明显关联。比如，一种动物，在汉语中叫作"狗"，而英语中则叫作"dog"，在其他的语言里，它的叫法又有所不同，不同语言的不同叫法之间，其实并没有什么天然的联系。一般来讲，象征是以符号为基础的，而在文化中，语言是最重要的一个符号，简单来说，就是在对具体对象进行指代时，使用的是一个词语。如果不借助语言，人们是很难做到对事件或经历进行清晰描述或是对情感进行清楚表达的。

当然，这不是说象征的符号就只有语言，非语言形式的符号体系，在象征中也是十分常见的。比如，十分常见的交通信号灯，就是红绿灯，红灯停、绿灯行，就是一种象征；再如，在商场里，我们对商品的价格进行标注时，只需要写明数字即可，并不需要将现金摆在商品旁，这也是一种象征的体现。在人类生活中，以象征这样的形式对语言进行思考和运用，同时借助于一定的工具或是别的文化形式，对自己的生活和周围的相关环境进行组织、协调、适应是非常常见的，从中我们也可以看出象征的重要地位。

5. 文化是整合的

文化不是单一的，它是一个模式化的系统，需要将很多部分整合到一起。在这个系统中，如果其中的某一部分有所改变，比如社会或者经济发生变化，那么，相应的其他部分也会随之改变。随着社会的不断发展变迁、经济的不断进步，一个人对待婚姻和家庭的态度也很可能发生改变，其在婚姻家庭中的行为也会有所改变。由此我们可以看出，文化是整合的，并不是孤立存在的。

（四）文化的功能

第一，认识功能。文化在认识社会、认识人生价值上有重大作用。进步的文化能帮助人们正确地认识社会，或对社会采取批判、革命、改造的态度，或采取扶植、建设、完善的态度。文化越发展，就越能提高人民的素质，充分发挥个人的主动性和积极性，努力为社会进步做出贡献。

第二，整合功能。文化的发展帮助人们在思想上、行为上趋于一致。生活在同一社会制度下的人们，在认识上能趋于一致，文化起了一定的作用。对某一社会问题，大多数成员能取得一致看法，采取一致行动，并努力去解决它，正是这种功能的表现。例如，文明礼貌活动、优质服务、提高职业道德水平等，都与文化的整合作用有关。

第三，改造功能。文化在改造客观世界和人的主观世界方面起了很大作用。自然规律的发现和利用，均与文化的传播有关。

第四，发展功能。文化不仅帮助人们认识社会，而且文化也能对社会结构和社会生活提供蓝图，使社会行为系统化。人从出生就踏进了社会化过程，这个过程也就是学习和继承文化的过程，是在前人创造的文化基础上向前迈步的。新的一代人，根据时代的需要，对原有文化采取“扬弃”的态度，继承其先进合理的积极因素，批判其过时的消极因素，向前推进文化的发展并因此促进社会的进步。

三、交际知识

人们对信息、情感进行交流的过程，就是交际。在汉语中，很早之前就有了和交际有关的论述。《辞源》有言：“际，接也。交际谓人以礼仪币帛相交接也。”由此可以知道，古代的交际，主要是指人和人之间的接触、交往。在《现代汉语词典》中也有关于交际的定义：人和人在社会中相互进行交往的情况。

在英语中，communication是和汉语交际所对应的词汇，但是关于这个词的翻译，在不同领域是有所区别的，国际上译为“交流”，但在新闻界communication一般被译为“传播”，在交通界则通常被译为“交通或通信”。

（一）交际的分类

交际是人类活动的一种基本形式，其核心是人。通常，根据交际的对象，我们可以把交际分成两大类：其一，人际交际，即信息的发出者和接收者都是具体的人；其二，非人际交际，这里又可以细分为两类，即人和自然的交际，以及组织和大众之间的交际。但是不管是哪一种交际，媒介都离不开语言和非语言这两种。因此，交际形式可以用图1–1表示。

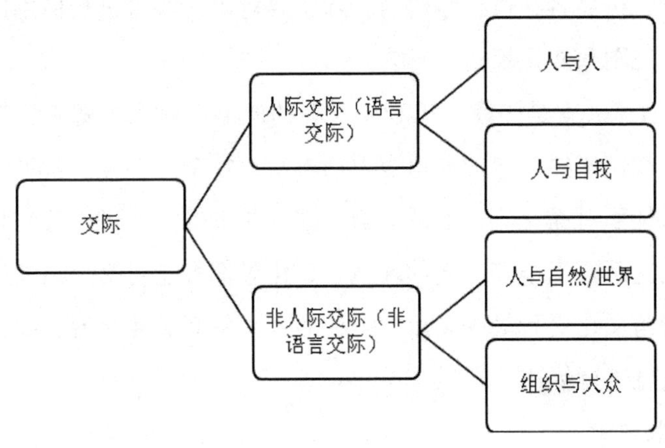

图1–1　交际形式

（二）交际的要素

从本质上来看，进行交际的过程，就是对信息进行传播的过程，它是一个动态的过程，是一个完整的系统。在这个系统中，主要有两个要素：

1. 传播要素

（1）传播者。简单来说，就是信息的发出者，也就是那些有交际意向和需求的个体。交际意向是传播者希望能够传递或分享信息给其他人。交际需求主要包括个人需求（即传播者希望得到别人的认可）和社会需求（即传播者希望自己的行为能够对他人产生一定的影响，这种影响既可以表现在行为上，也可以表现在态度上）。

（2）信息。就是交际者的心理想法，它是经过编码以后得到的结果。

人和人进行交谈时，会产生相当广泛的信息内容，其中既包括交际环境的相关信息，也包括一些非语言信息。信息是独特且唯一的，一旦我们在接收信息时，形式和期望中的特定情景不能保持完全一致，那么同一条信息的意思也可能会出现很大的偏差。

（3）编码。就是语言的组合。传播者会受到社会规则以及文化规则的影响，对语言中的词法、句法进行不同的选择和组合，这一过程就是编码。编码能够充分体现出人类的思想复杂性，在传播思想时，我们需要从一定的符号出发。从这个角度来看，编码是对个人心理活动的一种展现。在进行跨文化交际时，传播者在进行编码时，除了要对语言符号进行借用以外，还应考虑到社会规则和文化规则的影响。

（4）通道。就是串联信息和接收者的通道和媒介。随着科技的不断发展和进步，我们传播信息的通道也更加丰富、复杂、多样。常见的信息传播通道主要包括面对面交流、电话沟通、邮件往来等。在进行跨文化交际时，参与其中的交际要素很多，交际环境、文化等都可能对交际结果产生影响，因此，进行跨文化交际最为高效的一种形式就是面对面交流。面对面有利于更好地对信息进行传达。

2. 接收要素

（1）接收者。是和传播者相对的一个概念，就是指信息的接收方。在对信息进行获取时，接收者察觉和认识信息源时，往往会受到主观影响，在主观作用下做出相应的反应。这个对信息进行接收的过程不是绝对的过程，而是有目的、有意识的。但这并不意味着，对信息进行接收的过程就不能是无目的、无意识的。

（2）解码。就是指信息接收者在接收到信息后，对信息进行处理转化的过程。信息传播者在传播信息时，会使用一定的语言符号或非语言符号，接收者需要将其转化成自己能够理解的形式和意义。在进行跨文化交际时，接收者翻译对方给出的信息并对传播者的各种行为（包括语言行为和非语言行为）进行仔细观察，进而对语言符号和其背后蕴藏的文化知识及信息进行理解的过程，这就是解码过程。在进行跨文化交际时，传播者和接收者的文化背景不同，所以在进行解码时，我们要进行一定的过滤。换句话说，接收者在系统处理所接收的文化信息时，需要以自身的文化代码为基础和核心来进行。一旦接收者不了解、不清楚传播者所处的语言环境和文化背景，就很容易导致信息传递出现意义偏差，进而对交际结果产生不利影响。

（3）反馈。即接收者在成功对信息进行接收之后所给出的反应。反馈的形式是十分多样的，回答、评论、质疑都可以。从反馈中，我们可以了解到本次交际是否成功，也能以此来判断交际的有效性究竟如何。对于交际双方来说，反馈可以使他们明确自己所要传播的信息是否被有效传达和接收。同时，他们还可以根据反馈情况来调整自己的行为。如果接收者能够对传播者的语言信息给出反应，同时，这种反应还是符合传播预期的，就代表这种交际行为是有效的；反之，如果接收者不能对传播者的语言信息做出相应的反应，或者说，接收者的反应和预期有所不同，就表明这种交际行为是无效的，不必再继续。

（4）语境。就是指发生交际的场所、情景。我们可以通过交际语境，对交际的形式和内容进行更加清楚、透彻的了解。如果能够对交际发生的具体语境进行了解，在一定程度上，人们是可以预测即将发生的交际行为的。

四、语言、文化和交际的关系

文化和语言的传播主要通过交际手段开展。交际会全方面地影响文化和语言的传播。人们在交际的过程中，能够在无意识间获得使用语言和感悟文化的能力。但是，人们应用语言和感悟文化的能力只有在进行具体交际活动时才能拥有意义。

总的来说，文化环境和信息传播过程与交际渠道紧密联系。交际依赖文化和语言，同时又能够促进文化和语言的发展。

（一）文化与语言的关系

文化和语言之间有十分复杂的关系，不能够单从某一个角度来考量，这样会过于片面，所以在分析二者关系时，要从辩证的角度着手。

第一，文化与语言相互依存。文化在发展的过程中会促进语言的发展。而对于文化发展来说，语言发展的意义也十分重大。

第二，文化和语言相互包容。在文化的组成部分中，语言是十分基础且重要的内容，它从属于文化系统，这个子系统本身是特殊的，这种特殊性主要体现在语言能够清晰定点地表现文化，它提供了分类系统，这一系统能够决定概念世界。可以说，在文化系统中，语言是一种典型的形式，能够决定文化系统整体，文化的一切都被语言包容涵盖。

例如，中国人在认识世界的方式方面直接受汉字象形性的影响，汉字的象形性让人们能够只依靠形态就能对其进行把握，而不需要准确的读音。此外，人们通过汉字的外形，还能够深层把握汉字的含义。人们通过对汉语汉字的学习来认识周围的世界，对这样的世界构图进行完整接纳，将世界的形象融入在语言文字的形象之中，使“目击道存”成为语言文字的最终思维形式，并以此来对中华文化加以容纳。

（二）文化与交际的关系

文化与交际的联系十分密切。交际的双方由于不同的文化背景，在交流时，必须要对文化因素加以考虑，只有这样，在交际的过程中才能保证应用恰当的手段。交际模式深受文化的影响，双方的文化背景都会制约交际模式，所以，选择恰当的交际模式是交际顺利的保障。

第一，何时讲话。对于这一点，由于双方具有不同的文化背景，因此，在交际时需要对彼此的规则加以遵循。例如，西方人十分看重个人因素，所以尽可能不要在公共场合谈论。而中国人不会十分看重个人因素，所以喜欢与他人甚至陌生人去交谈此类内容。

第二，话题的选择。话题的选择对于交际来说十分重要。交际主体因文化背景的不同，必然会在交际时选择不同的话题。例如，家庭情况和工资是中国人在交流时喜欢谈论的话题，但对于西方人来说，这些都是隐私。

第三，话轮转换。话轮转换指的是交际的双方不断在交流过程中将自己的角色转换，也就是交际主体之间的角色转换。话轮转换在交际双方个人文化背景不同时，也是有差别的。

（三）语言与交际的关系

从一定程度上说，语言和交际是等同的，语言在交际的过程中有十分重要的意义与作用。由于句子有无限的数量，因此，比较难于在交际的过程中理解双方的全部意思。语言学家为了使人们能够更好地把握和理解句子，设置了一系列规则，让语言在展开的过程中能够有语法程式可依。通常实际交际中的语言环境都比较复杂，所以人们如果不能够罗列所有的交际范畴，就要进行系统的设定和分析。换句话说就是，交际者只有对语言规则加以明确了解，才能够进行顺利的交际。

第二节　跨文化交际的学科背景

跨文化交际这一术语，译自英文“intercultural communication”，该词在英语中既可指跨文化交际这一现象，也可指跨文化交际的学科。“communication”翻译成汉语可以译为“交流”“传播”“沟通”，所以可以将跨文化交际的学科名译为“跨文化交流”，也有的译为“跨文化沟通”或“跨文化传播”。在语言学中把“communication”译为“交际”。跨文化交际学的基础理论来源众多，其中影响最大的是人类学、传播学、语言学、心理学以及哲学、社会学等。

一、跨文化交际之人类学

“跨文化交际学诞生于人类学，特别是文化人类学对于跨文化交际的贡献最为突出。文化人类学主要研究人类思维和行为的各个方面，研究世界各地各民族之间不同风俗习惯、不同思想行为以及不同生活方式。”[①]在跨文化交际学建立前，文化人类学一直起着举足轻重的作用。美国人类学家爱德华・霍尔发表了《无声的语言》，率先提出“文化即是交流”的理论，首

① 阮桂君 . 跨文化交际与实践 [M]. 武汉：武汉大学出版社，2017：12.

次将整个文化视作交流的手段来加以研究。另外，书中首次使用了“跨文化交际”这一术语，标志着跨文化交际学的诞生。19世纪中期，人类学真正诞生，而人类学出现后的一个多世纪，跨文化交际学才得以创立，但正是由于时间上的间隔，两个学科之间的差距才得到缩短，跨文化交际学的诞生得益于人类学在文化、非言语交际、文化与语言的关系等方面的研究，这些研究为其诞生提供了必备条件。

二、跨文化交际之传播学

传播学是跨文化交际学的基地。传播研究人员在跨文化交际学领域最为活跃，出版的书籍和刊物最多。传播学是研究人类如何运用符号进行社会信息交流的学科，其作为一门学科形成于20世纪20—40年代，随着传播学发展成为一个独立的学科后，许多传播的研究人员开始慢慢衔接与发展跨文化传播学的研究，并逐渐成为传播学的一个重要分支。传播学重视用传播学的理论对跨文化交际进行研究，20世纪60年代跨文化交际的研究在传播学领域取得了长足的进展。罗伯特·塔尔伯·奥利弗出版的《文化与交流》是传播学领域结合文化与传播学研究跨文化交际学的代表作。《文化与交流》从修辞的角度，分析比较东西方文化的异同，为跨文化传播比较研究树立了典型。1977年开始发行的《国际跨文化传播年刊》滋养了“跨文化传播”这个概念与术语，并推动跨文化传播学茁壮发展，这本每年只出一册的论文合集，对跨文化传播理论、方法与各种重要的专题在不同年度都有深入的探讨。

三、跨文化交际之语言学

跨文化交际中关于民族文化的阐述，关于文化与语言关系的阐述，很多来自文化语言学的研究成果。在语言学和语言教学领域，早期有弗里斯和罗伯特·拉多主张的在学习外语的同时，需要注意目的语的文化。美国社会语言学家内萨·沃尔夫森对于不同文化中的赞同语做了细致对比。

文化中包含的沉默和手势在内的许多因素，都是语言使用需要注意的。语言是文化的写照和载体，二者相互依存，人们普遍认为，在跨文化交际中语言是十分关键的因素。

四、跨文化交际之哲学

跨文化交际中的言语交际主体包含来自各种文化背景的人。因文化差异而导致的交际障碍在这样的交际中很容易出现。整个社会群体的言语规范被文化哲学理念所支配，不同的社会集体都有其独特的言语规范和文化哲学理念，言语交际也会因这种差异而出现有差别的结果。

哲学是文化的核心和精华，哲学中隐藏了不同文化各自的基因。因此，分析不同文化群体的世界观、价值观对跨文化交流的影响是十分重要的，在跨文化交流中，在人们认识判断各种信息时，哲学是一个关键因素。对不同文化中哲学观和修辞哲学差异的研究，能让我们看清隐藏在文化层中的文化特征，以便为我们研究跨越文化障碍提供科学的依据。

五、跨文化交际之社会学

社会学这门学科所研究的社会问题包括社会制度、行为、发展和生活等。社会学全方面地影响语言教育和语言学的研究，这是因为语言本身就有社会性这一属性，并且是一种社会现象。世界各社会群体，交流方式多有差异，社会学研究的方法和成果对跨文化交际学科来说大有裨益。

第三节　跨文化交际的表现形态

语言属于艺术的一种，利用语言完成的交际行为叫作语言行为交际，也就是通过文字或说话的方式实现交际的目的。究其本质，就是交际主体结合自己在交际活动中的角色和所处环境、场合，灵活运用最有效的话语，开展跨文化交际。比如，在话语因素的基础上，把握好语音和话语的节奏，实现最佳的言语交际效果；发挥语言轻重缓急和抑扬顿挫的作用，便于双方情感交流。如果在交际中表达的语言比较刻板，则很难将听者的注意力和兴趣调动起来。具有高水平跨文化交际能力的交际者，首先必须具备高超的语言技巧，因为使用语言交际就是将说和听结合起来进行互动的过程，能否理解对方的语义是交际成功与否的决定因素。

语言行为交际对于交际主体双向互动语言行为的过程具有很强的依赖性，说话者选择的话语和听话者所理解的话语是主要内容。语言行为交际理解和选择话语是动态变化的行为，人的内心想法通过语言行为表达出来。交际时要用简短的词。除此之外，交际者进行语言行为交际时，要结合不同交际对象的各种特征开展交流活动，比如，大学生来自五湖四海，普通话是通用语言，每个大学生都有自己的家乡方言，如果在交际中使用方言交谈则很难对语义进行理解，从而产生沟通障碍。但是如果在家乡，周围的人都使用方言交流，自己使用普通话交流则会显得格格不入。

文化习俗的附加功能也是进行语言行为交际的重要内容。一般来说，文化习俗具体是指对一个社会群体或民族来说，他们从前人那里继承流传下来的生活习俗。

随着人们深入研究和探讨语言与人类社会之间存在的实质性关系，跨文化非语言行为交际不断发展和进步，出现了许多新兴学科，如跨文化近体学、跨文化身势学和跨文化副语言学。这也说明，非语言信息情感交流的有效载体是跨文化的非语言行为交际，跨文化非语言行为交际在包括手势和目光的跨文化开放系统中，将跨文化沟通的感情色彩和各种含义展现出来。

包括词汇、语音和语法在内的语言结构的运用效果是非语言交际的重要内容之一，同时，非语言交际还对社会文化生活习俗知识比较重视。非语言行为能力和语言行为能力在跨文化交际中的应用存在很大的差别，前者更多的是反映社会心理学方面的内容，是指人在交际过程中进行信息传达、思想传递或意旨表现等方面使用除了文字和语言之外的媒介，如肢体动作和脸部表情以及音调。交际者潜意识中利用外显特征对自己想表达的语言或文字进行转化，让对方容易理解或意会，也利用对方的态度、性格特征和情绪，对其内心的情感或意图进行理解。非语言交际的信息传达通常是在不知不觉中完成的，让对方在无意识的状态下接收信息进行交际，交际的成功可能取决于一个动作、一个眼神或一个表情。所以说，人们常用的非语言沟通方式是肢体动作和眼神。在跨文化交际过程中，人的态度、各种情绪和性格特征也会通过肢体动作传递出去。性格内向和外向的人在利用肢体动作传递信息上有很大的区别，外向的人动作幅度较大，说话的语气和音调也比较高亢洪亮。

第四节　跨文化交际的适应与认同

一、跨文化交际的适应

（一）跨文化适应的理论模式

跨文化交际研究领域一直关注和重视的焦点问题是旅居者和移民的适用模式，这也是构成跨文化适应理论的重要内容。人们进入一个新的环境后，第一次对异质文化进行接触，为了适应新文化，他们要经历怎样的过程、使用何种措施，在这几个问题的研究方面，研究视野的差异也会导致结论的差异。

下面将阐述两种具有代表性的跨文化适应理论。

1. U-曲线模式

跨文化适应研究的经典之作是利兹格德提出的U-曲线模式，该观点认为跨文化适应包含三个阶段：初始期是第一个阶段，以旅居者刚到美国举例，最初是处于兴奋和欣悦的状态，保持着新奇和兴奋的感受，与美国人的接触和交际也比较简单。寂寞期是第二个阶段，旅居者在这个阶段想进一步和美国人开展更深层次的人际交往，语言问题和文化差异即将带来一系列的误解、寂寞和迷惑，在这个阶段，各种焦虑取代了初始期的新鲜感。复原期是第三个阶段，旅居者从这个阶段开始有了自己的朋友，面对美国的工作和生活环境开始适应，情绪开始上涨。

U-曲线描述了旅居者的跨文化适应过程，对跨文化适应过程的研究具有一定的启发性。但是也有一部分人不认同该理论的观点，比如，这个理论并没有对跨文化适应机制的相关信息进行详细阐述，没有将各个阶段的开始和结束过程完整揭示出来，只是简单描述了不同旅居者的适应过程。

文化休克的概念出自美国著名文化人类学家奥伯格，他对U-曲线跨文化适应模式进一步完善和发展。奥伯格提出的文化休克理论表示，跨文化适应包括四个阶段：蜜月期是第一个阶段，在这个阶段人们的心情好比在新婚时期度蜜月，充满甜蜜，实际上人类对新事物的好奇心和兴趣是甜蜜感的主要来源；危机期是第二个阶段，在这个阶段，文化休克深刻影响了移民和旅居者，他们在跨文化交际中时常感觉焦虑和无能为力甚至愤怒；恢复期是第三个阶段，移民和旅居者经过一段时期和一系列的文化冲击后，开始积极主动寻找问题的解决方法，并尝试深入了解新文化，与上一个阶段相比，他们对于一些文化休克问题已经具备妥善处理的能力；适应期是第四个阶段，也是奥伯格补充利兹格德理论的重要内容，移民和旅居者在这个阶段从文化休克带来的不利影响中走出来，面对了解新文化时遇到的问题能够顺利解决，并且对新文化怀着愉悦、享受的态度。

2. 文化适应理论模式

约翰·贝里是加拿大著名的跨文化心理学家，其出版的《跨文化心理学》是他最重要的著作。在《跨文化心理学》一书中，他提出的“文化适应双维度模型”备受关注，人们又用“Berry的理论框架”表示这个模型。利用这个模型，约翰·贝里区分了文化适应中个体的文化适应策略，他主要考量两个维度的内容——与其他文化群体进行交流时的倾向性、将传统文化和身份进行保持的倾向性，两者之间存在相互独立的关系，换句话说，交际者对某种文化持有高认同度并不表示他会用较低的认同度对待其他文化。

从包括移民和旅居者在内的非主流种族群体来说，一旦个体对自己原本的传统文化与身份的保持非常重视，也对和其他群体开展交流比较重视，他们往往会将整合策略应用在跨文化交际中；如果个体愿意和其他群体进行频繁地交流，但是不愿意将自己原本的文化和身份保存下来，对主流文化有非常认同的态度，则会将同化策略运用到跨文化交际中；如果个体对自己原本的传统文化非常重视，但是不想和其他群体开展交流活动，他们就会将分离策略运用在跨文化交际中；如果个体既不愿意将自己原有的传统文化进行保留，也不愿意和其他群体开展交流活动，则会将边缘化策略运用到跨文化交际中。

约翰·贝里在《跨文化心理学》一书中提出，非主流群体所采取的适应策略会明显受到主流群体的影响。如果主流群体在跨文化交际中使用熔炉策略，非主流群体则会将同化策略应用其中，反之，主流群体实施的策略和政策是种族隔离时，非主流群体则使用分离策略。如果主流群体集体保持排外态度，非主流群体则会将自己边缘化；如果主流群体对多元文化主义进行实施，非主流群体就会对整合策略十分推崇。可以说，当主流群体和非主流群体进行交际和往来时，前者坚持多元、包容和开放的态度，才有利于非主流群体在主流社会中更好地融合，最终达成社会的和谐状态。

约翰·贝里的理论模型给人们的启示是，跨文化交际能否顺利开展，一方面取决于人们在多大程度上愿意改变自己；另一方面取决于人们与异质文化如何互动与共处，以达到最终的融合。

（二）跨文化适应的文化休克

文化休克（culture shock，也译作文化震荡、文化冲击）是在跨文化适应过程中必然面对的一种困难，很多移民、旅居者因为跨不过这个困难，而不得不回到自己的国家。在20世纪初，很多人类学家对文化休克的现象已有描述，但是直到1960年，美国文化人类学家奥伯格才首次正式提出了“文化休克”。文化休克主要指一个人初次进入异质文化时在生理上和心理上产生的不适。还可以将文化休克理解为个体在与新文化接触时，产生的焦虑和紧张的感觉都来源于自己在符号和标记上并不具备熟悉感，从而失去了原有的优势，这就被人们称作文化休克。从本质上说，文化休克属于心理疾病的一种，人们在文化休克的过程中，由于思念家、失去安全感，很容易感受到孤独，这也是精神压抑、自我封闭和发怒情绪的主要根源。

1. 文化休克的表现

文化冲击因为个体差异而呈现出不同的症状，文化冲击表现出的症候群包括：对家的思念加深；没有耐心；感觉无助；特别偏执；对于饮水和食物的品质过分关心；注意力不集中；无端失神；特别容易因为小事就生气；没有信心；对自己的文化认同过分强调；对来自东道国的群体进行交流十分害怕；对来自同文化的人有较强的依赖性；总是觉得不开心；沮丧和萎靡不振；对东道国的语言拒绝学习。

留学生是跨文化适应群体的一个重要组成部分，留学生在国外学习时，面临的文化休克包括四个方面：①生活方面的休克，包括不适应国外的交通、食物、医疗卫生、生活环境和气候；②学习上的休克，包括用东道国的语言进行交流的困难，对东道国教育制度的陌生和不适应，缺乏有效的学习方法以取得满意的成绩；③社会文化生活方面的休克，包括跨文化精神疲倦、对东道国文化的不适应等；④个人心理的休克，包括在国外所产生的思乡感、孤独感、封闭感、挫折感，或者缺乏自我价值和社会认同感等。

2. 文化休克的因素

文化休克带给旅居者的影响很大，引发文化休克的因素主要包括：①文化本身的差异，即东道国与自己国家文化差异越大，文化休克就越强烈；②个体的差异，即一个人成长的背景与个性，将影响他适应新环境的能力以及他遭受文化休克的程度；③旅居的经验。例如，对于经常出国旅行的人和第一次出国的人而言，第一次出国的人所经历的文化休克通常比前者经历的要强烈很多。

3. 文化休克的阶段

阿德勒补充了奥伯格的文化休克理论，重新解读了文化休克的内涵。阿德勒提出的文化休克理论有助于改变自己生活中出现的失序现象，他开始使用转换冲击对文化休克进行取代。阿德勒认为，转换冲击主要包括两个层面：一方面的冲击来源于人生发生的重大变迁；另一方面的冲击来源于文化差异产生的误解和冲突。此处的“转换冲击”主要是因为文化差异而产生误解所带来的文化影响。

接触期、失衡期、重整期、自主期和独立期是阿德勒提出的转换冲击模式的五个发展阶段。其中，接触期和失衡期与U–曲线模式提出的前两个阶段保持一致，区别在于第三阶段，重整期是文化适应的新起点和转折点。在这个阶段，旅居者常表现出对东道国文化强烈的排斥态度与行为。旅居者必须做出一个决定：继续生活在这种混乱失序的状态中，或者做出调整，进入自主期。在自主期阶段，旅居者充分了解了东道国，对东道国人民之间交流的行为技巧形成了充分的认识并有了一定的掌握。一旦进入独立期，对于本国文化和东道国文化之间存在的差异，旅居者能够抱着宽容和开放的心态欣然接受，逐渐享受文化差异带来的快乐。与东道国的人们交流时，旅居者更加游刃有余，并且逐渐从单一的文化身份转向了跨文化身份。

阿德勒转换冲击模式最大的特色是把文化冲击当作一种个人成长的内在过程。另外一个特色是理想地认为旅居者有机会完成从排斥到适应这一往上爬升的过程。但是，这也是该模式屡遭诟病的地方，即对旅居者克服文化冲击、完成文化适应过于乐观。另外，阿德勒的转换冲击模式缺少实践基础，没有实证研究的支持，其可靠性受到了质疑。

二、跨文化交际的认同

跨文化交际学奠基人爱德华·霍尔在《超越文化》一书中指出："文化中最重要的心理要素是认同作用，认同是文化与人格的桥梁。"根据社会学观点，认同是行动者自身的意义来源，也是自身通过个体化过程建构起来的。一般而言，认同可以主要归纳为文化认同、社会认同、自我认同三大类。在跨文化交际过程中，移民或者旅居者必须决定自己是否认同东道国文化，因为这将影响交际的效果。如果认同了东道国文化，是否意味着要抛弃自己的母国文化，或者可以同时保持对东道国与母国的双重文化认同，而如果拒绝认同东道国文化，是否意味着自己要被东道国的主流社会边缘化，这些关于认同的问题，是移民、旅居者无法避免的，也是跨文化交际研究所探讨的重要议题。

（一）跨文化交际的文化认同

跨文化交际过程中需要有一定的文化认同，即对于特殊文化或族群的依赖感与归属感。文化认同主要包括两个方面，分别是对本族文化的认同和对异族文化的认同。对文化本体的认同，对家庭、家族等血缘关系的认同等都属于对本族文化的认同，这类认同主要经由社会化过程而自然形成。对异质文化的认同主要包括对本国不同族群的认同，以及对不同国家、种族文化的认同等。由于文化差异的深刻影响，这类认同常常与自己的本族文化认同发生冲突，因此建构此类认同的难度常常很大。跨文化交际的文化认同主要分为三个阶段，具体如下：

第一阶段：未审的文化认同期。在这一阶段，由于社会化的影响以及缺少与外界充分交流的机会，人们常常视自己的文化为理所当然，没有兴趣去了解别的文化，对待任何事情都是从自己的文化立场出发。基于这种狭隘的文化观，在这一阶段人们常常形成文化刻板印象、文化偏见。

第二阶段：文化认同的搜索期。在这一时期，伴随个体的成长以及与其他文化群体交流互动机会的增多，个体开始思考自己的文化与周围事物的关系，形成了与其他异质文化进行比较的意识：一方面，他们对本族群文化的认同可能得到进一步强烈化；另一方面，在比较中，人们可能对本族群文化进行反思，有了某种批判意识——看到了自己文化中落后的方面，并发现自己与文化出现了不相适应的状态。搜索期有助于人们重新认识自己与所属文化，但是同样可能置于迷茫困惑之中——在异质文化的冲击下，自我认同与对本族群的文化认同遭遇不同程度上的“休克”。

第三阶段：文化认同的完成期。在这一阶段，经历了前两阶段的无知与休克，旅居者已能够对自己与本族文化有更为清晰的认识和坚定的认同；同时，能够以更加开阔的心胸来对待异质文化，也更加理性地认识本族文化与异质文化的差异，逐渐克服自己对异质文化的刻板印象、偏见，同时能够积极应对他人对自己及所属文化的刻板印象、偏见。对于生活在国外的移民、旅居者而言，这一阶段可视为奥伯格跨文化适应过程中“适应期”的基础，人们通过“整合”策略逐渐融入东道国文化之中，建构起金荣渊所称的“跨文化认同”。

总而言之，跨文化认同的建构立足于本土文化基础之上，是交际双方做出系统性文化调整、消除排斥性文化认同、吸纳新的文化元素、不断回归自我、融入人类共同体发展的过程。

（二）跨文化交际的社会认同

跨文化交际的社会认同是个人在一种文化内，因为隶属于某个团体而形成的。只要个体能够接受团体成员共同认同的看法与关心的事，对该团体的归属感就产生了。

社会认同是自我概念的一部分，起源于一个或者多个社会团体的成员身份以及对该团体的相关评价。换言之，自我概念的形成一则来源于对个人的认同；二则来源于对自己社会身份的认同以及他人对自己社会身份的认同。下面将阐述与社会认同相关的两个核心概念以及社会认同理论，它们对于跨文化交际研究有显著影响。

1. 社会认同理论

社会认同理论包括三个基本假设，具体如下：

（1）人们将社会世界归类为内群体与外群体。

（2）人们的自尊感来源于对本群体成员的社会认同。例如，一个毕业于北京大学的年轻人总是更愿意谈论自己的母校，因为社会对名校的认同能够给予他较强的自尊感。

（3）人们的自我概念一部分来源于个体身份，另一部分依赖于他人对自己所属群体的评价。自我概念包括社会认同，即我们愿意将自己归结于某种社会团体和社会成员。例如，对于一名在华外企的外方高管而言，他的自我概念既包括"我是一个外国人""我是男性""我是公司高管"等这样的自我认识与个体身份元素，也包括对社会团体的认同，诸如"我在北京大学学习汉语""我汉语说得比较流利""我喜欢中国"等，而这样的自我概念实质上也具有一定程度的跨文化性，会对跨文化交际具有重要影响。

社会认同对于跨文化交际有重要的影响，这种影响可以表现在以下方面：①社会认同影响人们思考问题的方向。积极的社会认同有助于交际双方建立对于彼此的正面形象，进而判断对方成员的行为；而消极的社会认同则会阻碍不同文化群体成员的跨文化交流。②社会认同容易引导人们将自己所属群体与外群体进行比较，而这种比较往往倾向于夸大内外群体的差异，美化自己的群体。在跨文化交际中，这种社会认同比较容易产生刻板印象，严重时易于形成文化或者种族中心主义，并进一步演化为歧视行为，阻碍交际的进行。

2. 内群体与外群体

人类是分类的动物，类型化过程很快将人们分为“我们”（内群体）与“他们”（外群体），类型化所带来的效应主要有以下两个：

第一，内群体偏袒效应。人们对内群体成员的评价通常更正面，且会对行为做出更多正面的归因。我们可以做一个简单的心理学自由联想实验，比较一下在想到“我们”（内群体）与“他们”（外群体）时，所能联想到的概念、词汇、事物有哪些不同。与“我们”相联系的，很可能是同胞、同事，具有共同爱好的人，或者是积极的形容词，例如优秀、骄傲、自豪等；而与“他们”相联系的可能是竞争对手，或者是距离、差异、低级、弱小、失败等负面词汇，这种实验的结果正好可以印证“内群体偏袒效应”，说明很多时候人们难以超越自己所属社会群体的局限，容易从正面肯定自己，而从负面质疑、否定他人。

第二，人们通常认为外群体成员在特质、人格等方面非常相似，即“他们都是一样的，然而我们都是不同的个体”。例如，很多时候，中国人会认为多数西方人的长相相差无几，难以辨别，而西方人也会持同样的观点来看待中国人。这种内群体与外群体二元对立的观点很容易促使人们过度放大群体间的差异，同时过于类型化、同质化外群体，形成文化中心主义或者种族中心主义，进而影响跨文化交际的开展。

【思考与练习】

1. “文化即是交流”的理论是由谁在哪本书中率先提出的?

2. 跨文化交际可以表现为哪几种交际?

3. 社会认同对于跨文化交际有重要的影响，主要表现在哪些方面?

【参考答案】

参考答案1：由美国人类学家爱德华·霍尔在《无声的语言》一书中率先提出。

参考答案2：跨文化交际可表现为跨文化的语言行为交际和非语言行为交际两种。

参考答案3：社会认同对于跨文化交际有重要的影响，这种影响可以表现在：①社会认同影响人们思考问题的方向。积极的社会认同有助于交际双方建立对于彼此的正面形象，进而判断对方成员的行为；消极的社会认同则会阻碍不同文化群体成员的跨文化交流。②社会认同容易引导人们将自己所属群体与外群体进行比较，而这种比较往往倾向于夸大内外群体的差异，美化自己的群体。在跨文化交际中，这种社会认同比较容易产生刻板印象，严重时易于形成文化或者种族中心主义，并进一步演化为歧视行为，阻碍交际的进行。

第二章　跨文化交际类型与影响

第一节　跨文化的语言交际

对于人类交际来说，语言起着非常重要的作用，不同的文化背景语言形式与内涵是不同的，在表达过程中传递的信息也有一定的差别。文化组成离不开语言文化，语言作为文化传播的重要媒介，对文化的发展起着非常重要的作用，影响着文化的繁荣，在对一个民族、一个国家进行文化了解过程中需要学习其语言特征；同时，一个民族或一个国家的文化想要快速发展，需要不断地对其语言进行传播与丰富，使其得到长远发展。

跨文化交际涉及不同的文化，而不同的文化造就不同的语言。文化决定语言的表达方式，而文化的内涵则需要通过语言的传递表现出来。不同国家的语言是不同国家思维的轨迹，体现了各民族的思维方式。

一、跨文化语言交际的功能

在进行信息传递过程中，语言是不可缺少的工具，比如，“It is very cold outside”主要表达了冷的意思，传递出了“外面很冷”的信息；“I am hungry”主要表达了当时的饥饿状态。人们在建立联系或者与事物建立关系的过程中离不开语言，语言是其桥梁，当然语言除了沟通交流外还可以表达一定的目的与态度等，因此在进行交际时采取一定的语言策略也是一个很好的途径。

（一）识记功能

语言符号是经过长时间的发展逐步形成的，通过生活实践不断总结让其具有一定的意义。随着其不断发展，对应语言的形态、音色、意义等已经具备了一定的稳定性。因此，我们在进行学习、认知、记忆、输出时可以明确表达自身意思并被他人所理解，从而完成事件、意义、规则等的表达，顺利交流。比如，在进行汉字学习过程中需要掌握其读音，在进行读音学习过程中需要使用文字信息来进行描写记录，由老师传递给学生，当然，在进行学习过程中还会与相关实物进行联系，后期在见到物品时知道其名称与功能，快速准确地完成交流。

（二）审美功能

语言符号可以按照一定的规律进行灵活组合而产生语音、语义，甚至形态上的美感。例如，英语中的“Was it I saw？”就蕴含了“w–a–s–i–t–i–s–a–w”的字母回环美。英语句子“The crowds melted away”是指人群慢慢地散开，句中的melted（像雪融化一样速度缓慢）就具有含义美。

汉语语言符号也是类似的，如“僧敲月下门”，贾岛在进行创造的过程中曾反复思考“敲”字，这里没有用“推”字，主要表现了僧人的教养与素质，和我国传统的礼仪文化相切合，因此，在进行文字创作与语言表达过程中一字之差可能会产生不同的含义。

（三）表意功能

语言符号主要用于对行为、事件、关系以及观念、观点的表达，通过这些表达形式来建立对应的社会关系，对群体的对应关系以及所处位置进行确定。当然，在进行交际时，不同环境或不同立场对应的交际含义也会有一定的差异，因此，语言符号不仅可以表达表象意义、倾向意义，还可以用来表达组合意义，这三种文化含义存在相互依赖的关系。

1. 表象的意义

表象意义是对所指内容进行陈述性、命题性、概念性、经验性以及主旨性描述所产生的意义，它表现的是时空概念、活动过程、交际环境、交际方式以及相互关系等，对事物进行定义、分类、归因等。例如，“town university”和“campus university”，“town university”指“无围墙的开放式大学”，“campus university”指“有围墙的校园式大学”。

2. 倾向的意义

倾向意义又叫作情感态度意义，在语言交际过程中会存在对应的主旨，我们需要对此主旨进行对应的关系情感评价，从而做出对应的判断，这便是情感态度的含义。这个过程主要对亲疏关系和权势取向进行了体现。常见的情感态度主要表现为承诺、威胁、警告、质疑等。如“She is pretty”和“She is beautiful”，在翻译过程中主要区分为脸蛋长得漂亮和人长得漂亮，前者更多的是对外表的欣赏，而后者不仅指外表，还有内在的气质。

3. 组合的意义

组合意义多出现在单位个体和组合体场合中。比如，词和词组、句子等之间形成的结构式意义，或者很多存在于修辞手法或特殊场合中的语言意义。例如“There is a taxi at the front door”和“There is a man at the front door”这两个句子，虽然只有一词之差，其含义却存在很大差异。第一个句子的意义多为表示出租车停在此处，是有客人到了还是客人叫的车。第二个句子主要表示有人在这里，出租车停在这里是不是找你的，表示对应的可疑意思。

二、跨文化语言交际的失误

语言的交际含义主要包括字面含义、话语含义、会话含义、说话人的语用含义以及听话人的理解含义等。在对语言学研究分析的过程中发现，传统观点认为其主要由语音、词汇、语法等组成，由对应的音义不断结合形成符号系统。

语言交际符号存在一定的地域性，不同民族、不同地域的语言在交流过程中存在一定的差异，因此语言符号的词形、读音、表义等也会存在不同，且差异性较大。所以我们在交流过程中要注意其中的地域属性，避免因语言差异造成不必要的无效沟通或交际失误。

（一）语音失误

语言存在独有的语音系统，大多数西方语言是由元音和辅音构成的，对应的汉语构成更复杂，不仅包含声母和韵母，还有对应的声调、声色等，因此对语音把握程度的要求较高，把握不准确会大大影响交际效果。所以外国人在进行语音学习时要着重掌握语调，避免后期影响交流。

（二）语义失误

在语言交际过程中需要双方对其含义有共同的理解，有效沟通是建立在此基础上的。当然，不同文化背景下词义的内涵与外延也会存在差异，通常情况下地域文化背景下所形成的语义更适合当地使用，其情感特征与对应社会特征更为鲜明。所以，不同文化背景下的人员对于语言意思的感受会存在很大的差异，甚至会出现完全相反的情况，因此不同文化背景下在进行语言交流过程中会存在一定的交流障碍。

词语意义也会被打上文化印记，很多词语的字面意思相近或相同，但是其联想意义或搭配意义有很大的不同，不同社会背景下的社会意义也会有很大的差距，因此不同文化印记下的词语意义是不同的。

第一，概念意义相同，但是其联想意义存在不同。比如，“willow”的意思是柳树，在现实生活中很常见，但是因为中国文化和西方文化的不同，在进行意义联想的时候就会出现差异。英美文化中，柳树代表着失去，带有悲伤的联想。比如，“to wear the willow”中就表示悲伤或哀悼的意思。“in the willows”或“the green willow”意思是因为丢失了爱人而悲伤。在中国文化中，柳树有一定的思念与分离的意思，在古诗中比较常见，比如，“昔我往矣，杨柳依依。今我来思，雨雪霏霏”。古诗词在进行意境描写的时候会借助物来表达离别的不舍或离别后的思念。由此可以看出，不同文化背景下的联想意义存在很大的差异。

第二，概念意义相同，而联想意义部分相同。例如，汉语中的“爷爷”和“外公”与英语中的“grandpa”就具有不同的联想意义。我国历史上有较为严格的宗族制度，在此背景下“爷爷”和“外公”不仅表示了对应的亲属关系，同时其对应的道德责任也有很大的差异，“爷爷”所代表的是血亲关系，而“外公”则是姻亲关系。这两者之间存在本质上的区别，代表的概念含义不同。但是在英文中“grandpa”则代表的是亲属关系，其对应的联想意义也相对较小。

第三，概念意义相同，但是其联想意义在自身语言环境中有其独特的含义。我国地大物博，且气候存在较大的差异，因此很多植物或者动物只存在于一个区域之中，可以在此地域产生一定的联想，但是在其他地域或国家几乎没有见过，因此在进行联想意义表达的时候不明显。例如，在汉语中，描写牡丹的时候会想到富贵、荣华，描写莲花的时候会想到清廉、正直等，但是这些词语在英文中并没有此类意义的延伸，也没有显著的联想意义。

（三）语用失误

我们在对不同国家之间的语用失误进行分类时，可以将其分为语用语言失误和社交语用失误。

语用语言失误是因为母语的干扰产生的，在进行语言意义或思想表达过程中其理解不够透彻。社交语用失误指的是对不同文化背景下文化得体使用的了解不够透彻所产生的失误。

通常情况下语用语言失误更容易改变，其主要受习惯的影响，但是社交语用失误和语言知识体系的关系不大，主要受文化和个人价值观的影响。

第二节　跨文化的非语言交际

“一切不使用语言进行的交际活动统称为非语言交际（nonverbal-communication），它可以是肢体上的表达，可以是文字类的书写，也可以是眼神上的交流等，它所涵盖的范围十分广泛，甚至有时候还会受到当时气氛的影响。不同气氛下，非语言交际表达出来的效果不同，例如，欢快的气氛中，一个瞪眼只会让人觉得俏皮可爱，但紧张的生气的氛围下，一个瞪眼则给人带来的是狠厉和警告。一场交际活动，往往不只是语言之间的交流，还有表情、肢体的交流，一个微笑、一个拥抱、一个眼神都是沟通的一种表达。

一、跨文化的非语言交际的特性

第一，非语言交际的多样性。非语言交际的表达方式很多，它没有固定的存在形态，它的每一次产生都和当时所处的环境有关，根据环境的不同，同样的交际方式表达出来的意义则不同。以笑为例，有时候是微笑，有时候是冷笑，有时候是嘲笑，有时候是开怀大笑，对不同的人，不同的事，笑的感情就不一样。父母见到孩子的笑代表的是一种宠爱，恋人之间的笑则表达爱情。它可以是一种带有感情的表达，也可以只是一个单纯表情。

第二，非语言交际的持续性。语言交际，只要一段话说完就可以，而非语言交际则是一场交际活动结束之后才算结束。就像男女之间的相亲，从未见面见到照片、了解对方情况开始，交际就已经开始进行了，之后两个人见面，直到这次相亲见面结束，第一次的交际活动才算结束。而男女双方对彼此的认知，不止停留在语言上，而是多方面地进行了解，然后再确定是否继续交往。

第三，非语言交际的鲜明性。非语言交际的表达形式有很多，我们最常见的则是图画类，如红绿灯闪烁的颜色、道路上的方向指示、交警执勤时的手势，还有很多公众场合那些禁止吸烟、禁止喧哗、小心滑倒的标志图片，这些图片都非常醒目，容易引起人们的注意，即使是一些不识字的老人和小孩也可以看懂。

第四，非语言交际的隐含性。为了避免不必要的尴尬，有些场合不能直接用语言交谈，而非语言交际在这个时候就可以发挥它的作用，达到沟通的目的。例如，一群人在聊天时，一个人在不知道的情况下冒犯了另外一个人，其他人则可以轻撞一下对方给予提示，从而减少尴尬。

第五，非语言交际的普遍性。跨文化交际可能会受到语言的影响，但是不会受到非语言交际的影响。非语言交际的形式多样，大大降低了交际过程中出现的问题，它成了跨国家无障碍交流的一座桥梁，使交际活动变得更为顺畅。

第六，非语言交际的辅助性。非语言行为对于信息的传达有着很大的影响，人们对一个人的言语的理解不只是从他说出来的话，还可以通过表情、动作、声音的大小进行信息的接收。但是非语言交际不可能代替语言交际，非语言行为只能对语言的情感表达起到衬托的作用，但是不能完全表达出语言的意思。而且有些事情只能用语言才能表达清楚，若只依靠非语言行为，则无法准确理解表述者的意思。

二、跨文化的非语言交际的功能

（一）重复与替代功能

1. 重复功能

非语言交际可以单独起作用，重述交际信息。例如，当给别人指路时，在口头指出后，再用手势等指明方向，这就是一种重复。又如，在买包子时，可能会说要两个包子，同时，伸出两根手指，表示“两个包子“。此时，非语言信息与语言信息相互重复。在讲授汉语生词和句子意思时，教师用汉语讲过之后，如果学生不能很好理解，可以适当用非语言手段来重复生词或句子，从而达到预期的教学效果。

2. 替代功能

在一些特定场合，不能或不便用语言发出信息，此时，往往用间接、曲折、较隐晦或委婉的非语言方式来代为传达某种信息。例如，在汉语课堂上，非语言行为可以作为掌控课堂的重要手段，如在学生喧闹时，教师可以将食指放在嘴巴前，做出“噤声”的手势，学生便能很快领会教师的意思，并安静下来。

（二）强调与调节功能

1. 强调功能

强调功能主要用来强调语言信息或其他非语言信息的特别或重要之处，运用非语言手段使语言的内容更加鲜明、突出，此处的非语言手段同语言手段的内容是一致的，共同表达一致的内容。例如，一位演讲者在演讲中总以停顿强调要点，或者用比平时更大的声音强调语言信息。作为国际汉语教师，每节课的重难点要加以强调，语言上的强调可能会引起学生的反感或者产生畏难情绪，这时不妨通过非语言手段，达到让学生掌握的目的。

2. 调节功能

交谈时，人们常常以手势、眼神、头部动作和停顿暗示自己要讲话、已讲完，或不让人打断。非语言交际可以帮助调节人际交流时产生的来往信息流，调整对话的节奏。例如，在两人对话中，有一方常常以点头、改变语调、拍对方的肩膀等暗示对方继续说下去或住口，从而起到调节两人之间交流的作用。

（三）补充或辅助功能

非语言符号是语言沟通的辅助工具。非语言行为可以对语言行为起到修饰和描述作用，它伴随语言而出现，能使语言表达更准确、更有力。例如，教师问："同学们完成作业了吗？"学生回答："当然完成了！"然后用手做出一个OK的手势。在领读汉语生词或纠正学生的发音时，教师可以边读边用手势标调，这样可以借助手势来辅助教学。

（四）抵触或否定功能

有时，非语言信息与语言信息不一定相一致，语言传达的并非真正的信息，而非语言行为传达的反而才是真正的信息。例如，有的人口头说："我一点儿也不紧张。"而他的声音及手却都在发抖，这种情况下，人们往往更倾向于相信非语言信息。作为国际汉语教师，教师非语言手段表达的信息应尽量与语言信息保持一致，不然很容易误导学生，因为学生在不理解汉语语言时，可能会依靠非语言信息，这时，非语言信息与语言信息的一致性就至关重要。

三、跨文化的非语言与语言交际的区别

第一，语言是后天习得的，非语言交际的手段既有本能的，也有后天习得的。例如哭、笑以及一部分表情；有些手段则是后天习得的。例如一些手势、姿势、副语言手段、服饰以及对时间和空间的利用等。

第二，语言交际使用特定的符号，而非语言交际却没有一套具有明确意义的符号。英语使用26个字母和用字母组成的词，字母和词是表达意义的符

号。汉字是汉语的表意符号，同样具有明确的意义。在非语言交际中尽管也有许多类似符号的表意手段，但是，并不是每个动作在不同文化中都具有同样的意义。

第三，从神经生理学的角度而言，在进行语言交际与非语言交际时，使用的大脑“半球”不同。在从事语言交际时大脑的左半球在进行工作，负责处理语言刺激，做信息分析和推理。而非语言刺激如空间的、画面的和完形的信息则是由大脑的右半球处理。

第四，语言交际遵循语法规则，具有严谨的结构，而非语言交际却没有正式的规则和模式，没有固定的结构，因此要正确地理解非语言交际行为往往需要综合分析周围的情况。

第五，语言交际在讲话的时候进行，在停止讲话的时候中断。讲话一般总是时断时续的，因此，语言交际是非连续性的。非语言交际与此不同，它是连续不断的。

四、跨文化的非语言交际的形式

（一）体态语

体态语是指用身体动作来表达情感、交流信息、说明意向的沟通手段，包括各种面部表情、人的姿态、手势以及其他非语言手段。常见的体态语有：①点头和摇头。中国人一般习惯于用点头来表达“同意”或者“是的”“正确的”的意思，而用摇头来表示否定的意思。在日常交谈中，许多人都直接用点头或摇头来表达意义，而不使用语言，点头和摇头就是一种最常见的非语言交际。②身体姿势。身体姿势也是一种非常常见的非语言交际手段。例如，中国人伸出大拇指表示称赞，弯腰、鞠躬表示礼敬，将食指竖立置于嘴唇前面表示噤声等，这些都是常见的非语言交际手段。③面部表情。面部表情也是一种常见的非语言交际手段。许多人的喜怒哀乐都可以通过面部表情来表现。例如，微笑一般表示高兴，哭泣一般表示悲哀，当然，喜极而泣是一种例外。④身体接触。例如，拥抱、握手、击掌、摸脸等都是非常实用的非语言交际手段。

1. 体态语的主要特点

体态语是非语言交际的重要组成部分，任何与身体有关的动作、神态都属于体态语的范围。比较常见的身体语言包括面部表情、眼神接触、手势、触碰、长相、穿着、气味等。体态语一般具有以下特点：

（1）体态语通过身体动作或姿势传递信息。

（2）在一个地域或文化里，用怎样的体态语来表示哪些意思是约定俗成的。违反了大家约定的规则，不是引起交际中断，就是引起误解。

（3）体态语可以是有意识的，也可以是无意识的。

（4）体态语是以肌肉活动为基础的身体动作或动作停顿下来的姿势，诉之于人们的视觉、听觉、触觉、动觉。

（5）体态语可以单独使用，也可以与语言、伴随语言，以及其他体态语配合起来使用。

（6）体态语可以是人体细胞发展起来的，即先天遗传的，也可以是后天学来的。

2. 体态语的种类划分

体态语用来传递交际信息的表情和动作，是非语言行为中非常重要的构成成分，包含面部表情、眼神接触、姿势、手势、行为举止以及触觉等方面的动作。

（1）面部表情。面部表情是人们传递感情的主渠道，也是分析他人感情的主渠道。面部表情是交际过程中加强或削弱谈话内容的基础，也是对外传播内心感觉和感情的途径。

通常而言，不同语言的各国人民在用面部动作抒发情感时基本状态是相通的，只是在反应速度和表达程度方面的差异较明显。

在课堂中，面部表情对我们的教学至关重要，教师面部表情的基调应是微笑，反映教师对学生的喜爱，以及讲授知识的愉快心情。教师若总是严肃的面孔或皱着眉头，则会传染消极的情绪给学生，加重学生的心理负担，影响教学效果。在讲授感情色彩的词语时，也可通过教师的面部表情来表达词语的意思，如讲“高兴”这个词语时，教师可以露出笑容；讲解“难过”

时，可以露出悲伤的神态。

（2）眼神接触。眼神能辅助语言传递出大量信息，从眼神中往往能表现出喜爱或厌恶、尊敬或轻蔑、生疏或亲密等情感信息。

在跨文化交际课堂中，适当地运用目光语言，可以提高教学的效果。教师注视的对象应视情况而定，可以时而环视全班学生，时而注视部分学生或者个体学生，要将教师的目光公正、均匀地分配给每位学生，让每位学生都能沐浴在教师温暖的目光中，感受到教师的关注，从而整堂课始终保持较高的兴奋水平和警觉状态。教师可以长时间地注视学生，也可以迅速扫视学生，或者给学生一瞥。教师的目光应该坚定，不能飘忽不定，否则容易给学生造成紧张、不够自信的感觉。在课堂教学中，教师应该尽量使用正向的目光，少用负向的目光。

（3）手势。手势语是通过手和手指的动作和形态来代替语言交流和表达思想，它是人类进化过程中最早使用的交际工具。手部动作最多，也最为细腻生动，因为手比较灵活。手势语可分为三类，即自闭式手势、技术性手势及习俗手势。自闭式手势是反映个人内心情绪的，是个人的一种行为习惯，与文化关系较小。技术性手势指的是特定行业或特定场合下通用的可以学习的手势，如聋哑人的手势语，裁判、音乐指挥等用的手势。习俗手势作为文化的产物代代相传，因此最具文化特色。

作为教师，讲课时，需要配以适度的手势来强化讲课效果。手势要得体、自然、恰如其分，要随着相关内容进行。一般而言，手势由进行速度、活动范围和空间轨迹三个部分构成。在教学中，主要被用以发挥表示形象、传达感情两个方面的作用。手势的使用对讲授发音与声调非常必要，在领读生词时，可以边读边用手势演示出生词的声调，在学生分不清平舌与卷舌时，教师做出平舌或卷舌的手势，这比用声音纠正更方便、清晰。

（4）姿势。交际中身体动作多种多样，但每一种姿势在特定的文化中都传递着一定的信息。以坐姿为例，在跨文化交际中意义各异。按照不同国家习俗，坐姿不对，会被认为有失大雅，不合时宜。

（5）体触。体触行为是非语言文化交际的重要内容。语言学中对体触行为的研究，有人称之为“触觉交际”或“触觉沟通”。非语言交际中甚至还有专门研究体触行为的学科，即“体触学”。体触行为属于动态无声语言，是一种非常复杂的语言符号系统。体触分为五类：功能、社交、友爱、情爱、情欲。医院里的医生检查身体、理发师理发触摸头和脸、按摩师按摩身体等属于职业性的触摸。社交性质的触摸包括握手和礼仪拥抱。亲友分别许久，再次见面时亲切地握手和拥抱则属于友爱的类型。

有些地域的身体接触比较多，而有的则比较少。根据身体接触多少的差异，我们可以把文化划分为接触性文化和低接触性文化。一般而言，气候暖和的国家多属接触性文化，气候寒冷的国家多属低接触性文化。

（二）时间语和空间语

1. 时间语

用时间表达出的信息符号称为时间语，它研究的是人们对准时、及时、延时，时间的早、晚、长短，过去、现在、将来等概念的理解。在沟通的过程中，时间像脸部表情或肢体行为一样，是会说话的。时间可以划分为正式性时间、技术性时间和非正式时间三种。正式性时间指时间的区分单位，根据太阳与地球的运转关系，人们将时间划分为世纪、年、月、周、日、时、分、秒等计算单位。技术性时间和行话一样，非专业或非业内人士很难了解个中意义，如回归年、恒星年、近点年与交点年等术语，对一般人而言就极为陌生。非正式时间可以说是人类生活的时间，它来自我们对正式时间的认知，如时光飞逝、岁月如梭、消磨时间等。

2. 空间语

空间语是利用空间距离表达信息的一种方式。空间语分为可移动和不可移动两种，就好比一个家的位置是不可移动的空间，而家里的布置会偶尔发生位置的变动，它也可以指人活动时周围的空间，如坐公交车的人越少，空间就越大，车上的人越多，空间就越小。那么在交流过程中，两个人的空间距离则与亲密度、交流事情的重要程度、所处环境的人口密集度等有关。

（三）副语言、沉默语及客体语

1. 副语言

副语言也叫伴随语言，它指的是人类沟通时声音、声调或音色的使用与变化，是伴随语言的一切声学现象，它通过音调、音量、语速、音质的清晰度和语调起到语言的伴随作用。常见的是用某种声音代替一句话的含义，如用发抖的声音代替“我很冷”。

2. 沉默语

沉默语用一种无声的状态来表明自己的立场，可以是认可，也可以是拒绝或者反抗。

国际交流最容易在不经意间造成误解，因为地域文化、信仰、表达方式的不同，所传递的信息就可能存在差异，所以在沟通时要尊重对方的文化认知，在沟通前对他们有个大致的了解，注意说话的方式和态度，争取在融洽的氛围中完成交际活动。沉默语在日常交流中有着不可替代的作用，在教学中，沉默语亦非常重要。教师的沉默具有控制调节、启示、代替和判断以及辅助五种功能。教师的沉默应遵循适时与适度原则。教师的沉默在管理课堂纪律与处理个别冲突的问题上都有重要作用。教师的沉默不是对课堂教学的不负责任或回避，而是以学生为中心的体现，给予学生一定的思考时间，同时引导学生自主学习。在国际汉语课堂中，由于受文化因素的影响，对教师要求更高，教师沉默过程中应辅以适当的动作、表情和眼神等非语言符号，沉默应适时，并正确把握沉默的时长，更要根据学生个体的实际情况选择沉默与否。

3. 客体语

客体语包括皮肤颜色、气味、衣着化妆、家具等。从交际角度，这些用品都可传递非语言信息，展示使用者的文化特征和个人特征，因此其也是非语言交际的一种。

第三节　跨文化交际的影响因素

一、跨文化交际的环境因素

（一）跨文化交际的物理环境因素

物理环境对于交际的影响是非常明显的，人们在社会化的过程中学会了在怎样的场景下说怎样的话、怎样说、不说等。行为的场合具有一种约束力，人们对具体场合中什么是恰当的行为存在共识。在跨文化交际中，对于某一个具体环境，不同的文化会有不同的反应。

1. 自然地理环境因素

自然地理环境会在很大程度上影响跨文化交际。一个国家的生活、交际方式以及文化定位会取决于自身所处的地理环境和生态环境。当地理环境和气候条件存在很大差异时，文化和地域性格也会有很大的不同，这时就会有矛盾和冲突出现在跨文化交流的过程中。

中国的农业文化为自身延续千年的文明奠定了基础，中国的母亲河黄河是中华文明的主要源头。大陆性地理环境不仅带来了稳定的社会结构，还形成了大一统思想，人们的农耕作业也逐渐以家庭为单位。从这种社会生活中就可以看出自然地理环境带来的风俗文化和生活方式。而海洋性地理环境则让不少西方国家有了发达的航海业和工商业，这些都增加了他们与外界往来的机会。地域文化的多样性要求交际者在跨文化交际时敏锐地感知目的语存在的地域文化差异，不要出现语言上的失误或语用上的错误，保证跨文化交际的顺利进行。

2. 人文景观环境因素

（1）建筑环境。以建筑风格为例，一座城市的文化会对其建筑风格、结构和设计产生影响，同时也会对人们的交往方式和生活方式产生影响。此外，从文化环境特征中还可以体现出建筑的外形、朝向和使用材料。从传统建筑看，西方大都以石头为主，而东方则以木头为主，这能够很好地展现出中西方不仅有着不同的物质文化和哲学理念，而且在思想和情感上也是存在差异的。

（2）居住环境。在房间内部布局上，中西方也是存在差异的。西方家庭房间注重隐私，会将房间四周进行充分且合理的利用，而且在设计上也更加多样化。古代中国更注重房间的功能性，房间之间并没有严密的隔断，体现的是一种其乐融融的良好家庭氛围，同时可以促进人际关系的顺利发展。

（3）交际空间。就交际空间而言，在以家为核心的社会关系的中国文化中，人们习惯使用围墙等来保护群体或家庭的领域或利益。西方人习惯使用空间来维护家宅或群体的领域。

（二）跨文化交际的心理环境因素

下面以隐私和时间利用为例来阐述心理环境对跨文化交际的影响。

1. 隐私

隐私与客观环境之间有着密切的联系，人们怎样使用环境因素、怎样与他人进行交往都与其有关。隐私也是一种机制，它影响着我们交往的对象和交往的时间。隐私主要有四种：①隐居，指的是不和外界往来；②匿名，指的是不愿被他人知道；③亲密无间，指的是只将隐私与亲密朋友分享；④自我克制，指的是从心理上不愿受他人干扰。虽然“隐私”这一概念并不是所有文化中都有的，但无论是处在哪种文化中的人都是有隐私的，这点是毋庸置疑的。隐私这种现象非常的普遍，它只是在表现方式上存在差异。

在全球文化互动与冲突中，人们逐渐产生了具有全球意义的价值标准，这在客观上促进了现代全球文明的发展和形成。近代中国，人们对于隐私的理解已经发生了很大的变化。涉及个人信息的话题逐渐淡化出人们的谈话范围。取而代之的是某些社会话题或双方都乐于接受和关心的话题探讨。而西方文化也逐步理解中国人“询问”个人信息的初衷不是涉及其隐私的行为，逐渐理解了具有国家特色的关切行为。为了更恰当地处理跨文化交际中的隐私问题，我们应做到：尊重世界文化的多元性，学习和理解他国文化。尊重他国文化，理解异类文化中对于隐私的解读。在包容异类文化的前提下，做到入乡随俗，包容其他文化。我们还应鼓励不同文化间的互相学习和借鉴，扩大共性的认识。考虑到各文化的隐私观念特殊性，充分认识到成功的跨文化交流和互动是处理隐私的最终目的。

2. 时间

客观物质存在的其中一个形式就是时间。时间不仅有可感知性，还有客观性，它和物质形态之间有着十分密切的关系，人们对于客观时间的了解指的就是人的时间观念。人类经过长时间的实践有了三种时间观，即心理时间观、生物时间观和文化时间观。以下将着重探讨跨文化交际中出现的心理时间观和文化时间观。

（1）心理时间观。过去、现在和未来这三种概念会频繁地出现在各种文化中，只不过不同的文化有不同的侧重点，于是就会有四种时间取向出现：①零时间取向。即时间观念并不存在于文化中，因此过去、现在和未来也就无从谈起了。②过去时间取向。人们在这种时间取向里会清楚地记得过去的事情，或是对过去的事念念不忘，非常重视。③现在时间取向。即人们看重的是现在。④将来时间取向。倾向于着眼未来。

（2）文化时间观。不同文化的人对待和使用时间的方式就是文化时间观。当下有三种文化时间系统：①技术时间，即通过科学的方式对时、分、秒等时间长度进行确定。②正规时间，指的是处在特定文化中的人对时间的看法。③非正规时间，一般来说，指的是人们对时间大概的印象。非正规时间的理解难度最大，非常复杂，每种文化都对这一时间有不同的理解。正规时间所用的词汇也会被用于非正规时间中，但非正规时间中使用的词汇要结合相关情景，否则词义就会非常模糊。

不同文化背景的个人或群体，在对待时间的态度和如何使用时间上不尽相同，这些态度、行为上的差异有时会给跨文化交际带来很大的困难，所以了解各文化的时间观对我们进行跨文化交际会有很大的帮助。

二、跨文化交际的心理因素

积极的心理因素对跨文化交际起着促进的作用。在当今经济全球化条件下，跨文化交际日益频繁，其本身的作用也日益重要。消极的心理因素对跨文化交际具有阻碍作用。跨文化交际过程中，潜在的障碍主要来自交际团体和个体间的心理取向。心理因素在很大程度上影响跨文化交际的过程，由于刻板印象、偏见及思维模式的影响，人们在跨文化交际中往往会有不良的心理暗示，这些因素会导致跨文化交际的失败。

（一）跨文化交际的积极心理因素

不同文化背景下的人们在交际中只有具备相应的心理意识，提高对文化差异的认识，以尊重、平等、开放、包容的心态进行交际，才能使跨文化交际顺利进行。所以作为跨文化交际的主体，应该注意以下几个方面：

1. 平等

在进行跨文化交际时必须要具备平等意识。交际主体还要树立人权平等意识，这样才能在交际过程中保持平等的心态，营造一个和谐的交流环境，进而促进跨文化语言交际的成功。

2. 宽容

宽容意识是交际双方都要树立的。在跨文化交际的过程中，人们是存在文化背景差异的，要想顺利地开展跨文化语言交际，宽容意识是必不可少的，对因为文化差异造成的失礼和失言多一点宽容和理解，用公平、客观的态度对待不同文化中的价值观念、思维方式、行为方式以及生活方式，从而实现成功交际。

3. 顺应

跨文化交际中，交际双方还应具有语言上的顺应意识。语言顺应包括对象、层次、阶段、领悟程度和策略等五个方面。在文化交际时，人们为了成功地、准确地表达和理解言语，交际双方必须求得认知心理的平衡，让自己的话语顺应语境，从而克服交际中的文化隔阂。只有交际主体提高对文化差异的认识，以尊重、平等、开放、包容的心态进行交际，才能获得跨文化交际的成功。

（二）跨文化交际的消极心理因素

1. 定式

定式最先是由美国新闻记者沃尔特·李普曼在《公众舆论》一书中提出

的，书中指出，人所处的环境，无论是自然环境还是社会环境，都太复杂，以至于不允许他对世界上所有的人、所有的事逐一地亲身进行体验和认识。为了节省时间，人们便用一个简化的认知方法，将具有相同特征的一群人或任何地域塑造成一定的形象。换言之，定式指不同社会群体在人们头脑中的形象。关于定式的理解包括：①定式可以理解为对于某些个人或群体的属性的一套信念，这些信念可能是正面的，也可能是负面的，并且现在使用这个词一般带有贬义；②定式是一个群体成员对另一个群体成员的简单化的看法；③定式是对其他群体和其他文化的模式化认识。

定式概念应用到跨文化交际上后，称为文化定式（“文化定型”或“刻板印象”）。文化定式指人们在跨文化交际研究或跨文化实际交往中对不同文化背景的地域和国家成员的笼统的、简单的看法，即指一个群体对另一个群体成员的过于一般化的，过于简单化的信念或态度，或是一种简单化的认知方式。在进行跨文化交际时，为了让处在不同文化背景下的人们顺利地完成交流，研究人员可以客观地对各个群体具备的文化特征进行整体描述，让人们对其产生一个大概的印象，不至于一无所知。

文化定式有自定型和他定型之分，自定型是某群体关于自己的定式，他定型则是关于其他群体的定式。在大多数情况下，文化定式一般指的是他定型。文化定式有其积极的一面。站在认知的层面看，跨文化交际中的其中一个认知方式就是文化定式，它以准确地观察为基础，能够展现出相应的真实性，可以帮助人们了解各种社会主流文化。任何个体都无法全面地认识和了解所有的文化，文化定式可以划分和归类信息，将信息清楚地展示出来。从心理层面看，本群体文化心理定式会对文化定式产生一定的影响，趋同心理会对“预示”产生积极的影响。从行为层面看，文化定式会由于心理“预示”而促进跨文化交际的顺利开展，对人们的行为定向产生积极的作用。

文化定式也有其消极的一面，具体如下：

（1）文化定式夸大群体差异，忽略个体差异，使我们错误地看待个体成员，认为对群体适合的就对群体中的个体也适合，从而产生对于差异的“过分概括”或“贴标签”等人为屏障，进而妨碍文化间的交流和理解。

（2）文化定式容易静止地看待文化，对某一群体的认识局限于某一时期，导致交际障碍。

（3）文化定式容易导致“本群体中心主义”，产生歧视行为。单一地、反复地描述某一文化就会形成文化定式。若是将情感注入文化定式中，就会使其产生偏见，当行为出现偏见时就会带来歧视。有些群体成员会排斥其他群体文化，只关注本群体文化，而这会带来非常严重的后果。

（4）文化定式容易忽视各群体之间文化共性的存在。尽管各个国家已经在漫长的历史发展中逐渐形成了各具特色的本国文化，但站在全人类文明发展的角度看，是有共性存在于这些不同的文化中的。若只强调文化差异就会忽略其中的共性。若是交际者对文化非常敏感，那么在跨文化交际时就会让他产生误解。

2. 偏见

预测相关人员的行为可以帮助我们进行定式。但文化由于自身的多样性和不断的发展是无法被准确描述出来的，所以定式就会成为一种偏见。偏见指的是提出的观点是有偏向且不公正的，无法被其他人接受。错误的观点就容易产生偏见。不合时宜地打断他人讲话，这种交际方式就是带有偏见的，表现不礼貌，会对他人的自我概念和身份带来一定的伤害。在人际间或国际间背景下，偏见包含不同程度的敌意，会带来负面的想法、感受和行为，影响跨文化交际。

当人们对其他人持有偏见时，受到偏见的对象将处在一个不利的状况。因为判断方并没有根据判断对象的实际行为来做出判断，而是在偏见想法的指引下对其进行错误的判断。一旦有了偏见，人们就会尽量避免与不喜欢人群的接触。如果一直采取这种消极回避的态度，势必会影响正常的跨文化交际，也不利于当今形势下国家的交往。

三、跨文化交际的思维方式

作为人们认知世界的手段，思维方式有着鲜明的民族特点。人们在接触到他文化之前总是认为全世界人的思维是相同的。而事实上，不同的文化有着不同的思维方式，不同思维方式影响人们对接收到的信息的加工和理解。

东方和西方国家的思维模式有很大的差别。西方的思维模式与西方的个人主义思想紧密相关，具有逻辑性、分析性和直线性的特点。东方的思维模式源于集体主义，具有关联性、综合性、整体性和直觉性的特点。

如果不同文化的两个交际者不能意识到他们在思维模式上的差异，他们很可能对同一交际事件产生不同的理解，结果导致误会。

【思考与练习】

1. 跨文化交际中的语用失误可以分为哪两种失误?

2. 跨文化中非语言交际有哪些不同形式?请分别列举。

3. 如果你需要与不同国家的人进行交流，为了更恰当地处理跨文化交际中的隐私问题，应该怎样做?

【参考答案】

参考答案1：跨文化交际中的语用失误可以分为语用语言失误和社交语用失误。

参考答案2：跨文化中非语言交际的形式包括：体态语；时间语和空间语；副语言、沉默语及客体语：①体态语是指用身体动作来表达情感、交流信息、说明意向的沟通手段，包括各种面部表情、人的姿态、手势以及其他非语言手段，如皱眉、张嘴、摇头、眨眼等。②时间语即用时间表达出的信息符号；空间语即用空间表达出的信息符号，它研究的是交流者之间的距离、位置的安排等方面。③副语言也叫伴随语言，它指的是人类沟通时声音、声调或音色的使用与变化，是伴随语言的一切声学现象，它通过音调、音量、语速、音质的清晰度和语调起到语言的伴随作用；沉默语属广义语言学范畴，其本质是一种符号，沉默的意思需要依赖具体的语境；客体语包括皮肤颜色、气味、衣着化妆、家具等。

参考答案3：尊重世界文化的多元性，学习和理解他国文化。尊重他国文化，理解异类文化中对于隐私的解读。在包容异类文化的前提下，做到入乡随俗，包容其他文化。我们还应鼓励不同文化间的互相学习和借鉴，扩大共性的认识。考虑到各文化的隐私观念特殊性，充分认识到成功的跨文化交流和互动是处理隐私的最终目的。

第三章　跨文化交际的情景比较

第一节　馈赠文化的交际

馈赠活动中，最直接的体现就是礼品。礼品，顾名思义就是送礼的物品。《韦氏20世纪大词典》对礼品的解释是，“不图补偿，自愿捐赠给别人的任何东西。”[①]对来自不同国家、文化的送礼者而言，送礼的风俗、习惯、爱好不同，对礼品的界定没有一个特定的范围。古今中外，赠送礼物一直都是人们实现相互往来、加强彼此联系和增进感情的共有方式。

送礼或馈赠是人们表达心意的一种物质体现，是世界各国公认的社交礼仪。人类学的礼物交换理论主要来源于法国人类学家、民族学家马歇尔·莫斯，他在《礼物》一书中指出，礼物交换的行为是一种包含着经济、法律、道德、感情等多种因素的“社会事实”。作为一种非语言交际方式，馈赠常常是以物的形式出现，以物表情，礼载于物，起到寄情言意、“无声胜有声”的作用。按照各个国家的习俗，适当地送些礼物是为了向他人表示祝贺、慰问和感谢之意。但由于各个国家和地区文化的差异，馈赠礼品的习俗文化是各有特色的。可见，我们习以为常地赠送礼物的习惯包含着极为丰富的文化因素。不同语言相伴出现的不同文化背景，在某种程度上影响着我们的日常生活习惯，这种大相径庭的文化差异导致馈赠礼品的原因和场合也变得尤其错综复杂。

① 隋虹．跨文化交际：理论与实践 [M]. 武汉：武汉大学出版社，2018：46.

一、中国的礼品馈赠习惯

中华民族素有“礼仪之邦”的美誉。“仁、义、礼、智、信”之中，“礼”是中国儒家思想最经典、最辉煌的篇章，至今还备受人们的推崇。基于此，送礼就成了最能表情达意的一种常见的沟通方式。早在我国春秋时期，人们就崇尚礼仪，数千年来，在周公之礼、孔孟之道的影响下，中国的送礼文化在长期的历史沉淀中，在理论和实践中都积累了相当一部分切实可行的送礼“守则”，如“千里送鹅毛，礼轻情意重”（徐谓·《路史》），“礼尚往来，往而不来，非礼也；来而不往，亦非礼也”（《礼记·曲礼》）等。当前，我们口中的礼品内涵变得更加丰富，衣、食、住、行无所不包，礼品必须是新颖性、奇特性、工艺性和实用性兼备，这样才能缩短人与人之间的感情距离，方便人们进一步地沟通、交流，从而达成共识，携手同创双赢的未来。

（一）生日礼物的馈赠习惯

生日是中国人赠送礼品的一个重要的喜庆场合，一般特别重视给孩子过第一个周岁生日。生日这天，亲戚朋友多会携礼前来，共同祝愿孩子快快乐乐，健康成长，一起分享孩子的生日喜宴。客人携带的礼物大多是给孩子准备的衣物、食品和各种玩具。此外，在中国传统习俗文化中，给父母、长辈过生日也是很隆重的。除了开家宴以示祝贺外，子女和晚辈都会送给父母一些生日礼物。如果是为老人做寿，孩子们会送上寿桃、寿糕等，意在祝贺老人“福如东海，寿比南山”。传统习俗文化中，有时子女会为老人送上龙头拐杖。随着生活水平的提高，现代中国人给老人准备的礼物已趋向于高档电子产品或是昂贵的保健品。

（二）结婚礼品的馈赠习惯

在结婚习俗中，中国人对结婚日期的选择是特别在意的。通常，选择大婚的日子时都会选带有6、8或9等数字的日子，因为这些数字代表着日子非常吉祥，如“6”代表六六大顺。在送礼时，常常为了突出大顺，可能会特意送“6”，意指送去吉祥。“8”则是发达之数，这是每一个中国人都喜欢的数字，它的谐音是“发”，代表财源滚滚、兴旺发达。“9”意指长长久久，它和汉字“久”谐音，故而这个数字也备受人们青睐。

同样，在中国人结婚馈赠礼品的习惯中，送礼人必须注意礼品的数量，因为不同的数字代表的含义不同，如“1”寓意一心一意，但在中国人结婚送礼中不太适合，“1”难免有些单薄，中国人讲究好事成双、成双成对。“2”寓指成双成对，在送礼中，特别是送给将要结婚的人，不管是送哪些东西，都要讲究成对，寓意非常好，因而凡是大贺喜庆之事，所送之礼均为双数。亲朋好友新婚时，亲手送上一份礼品是必须的。中国婚礼礼品主要有以下几类：

第一，赠送喜联喜幛。喜联喜幛高雅大方，适合于交友广泛、结婚场面较大的受礼者。喜联喜幛可以从书画社购买或请其代做，同时要说明送礼人和受礼者的姓名及两者的关系。如果送礼人能亲笔书写喜联喜幛，那将是非常珍贵的婚礼礼品。

第二，运用各种媒体形式进行祝贺。因为路途遥远不能亲自参加亲朋好友婚礼的人，可以通过媒体，甚至在一些网络形式的帮助下表达自己的祝贺之意。同时，一定要记得附上精心准备的纪念册、影集、工艺品、丝绣制品等物件。表达祝贺方式的途径多种多样，所有这些都会给受礼者带来一个大大的惊喜，也会给新人们留下难以忘怀的回忆。

第三，赠送实物祝贺，包括物品或现金。在选择给朋友的新婚礼物时，中国人更注重的是礼品的实用性和效用性。一般而言，人们送的礼品包括家用电器、床上用品和工艺品等。更多的时候，为了使自己送的礼品能够合乎受礼者的心愿，送礼者常常事先征询受礼者的意见。现在，随礼也是一种被现代中国人广为接受的方便实惠的礼品形式，习惯上礼金要成双数，取其吉利，即所谓“成双成对”的意思，现金的这种礼品形式可以帮助受礼者解决他们资金短缺的实际困难。

（三）特定节日的馈赠习惯

中华大地文化历史悠久，依据不同的节气，我们的祖先们创立了很多纪念的节日，在这些传统的节日里也会出现一系列的传统习俗文化，馈赠礼品和这些节日中的传统文化习俗是紧密相连、不可分割的。如春节是我国最热闹、最受重视的传统节日。从古至今，中国人把除夕守岁与春节连为一体，以礼相赠，以求“馈岁”。春节拜年时，一般在新年倒计时刻，长辈要将事先准备好的压岁钱放进红包分给晚辈，晚辈得到压岁钱后就可以平平安安度过一岁。“压岁钱”是一个汉族年俗，它的习俗历史悠久，寓意辟邪驱鬼，保佑平安。追溯其渊源，最早始于汉魏六朝时期，馈赠的铜钱用红线穿成串，挂在小孩子的胸前，目的是压祟。因“祟”与“岁”谐音，所以将“压祟”称为“压岁”。历史上的压岁钱是分两种的，除了上面所描述的以外，还有一种就是晚辈给老人的，这个压岁钱的“岁”寓意是年岁，意在期盼老人健康、长寿。

另外，农历八月十五的中秋节，作为节日礼品，月饼的象征意义是中秋节的重要内涵。月饼又叫宫饼、团圆饼等。“八月十五月儿圆，中秋月饼香又甜”的谚语道出了中秋之夜城乡人民吃月饼的中华传统文化。最初，人们是用月饼当作供品的，后来，人们逐渐把中秋赏月与品尝月饼作为家人团圆的一大象征。月饼以圆形寓意团圆，中秋节以月饼作为馈赠礼品，这无疑巧用了月饼的礼品象征意义，形象地表达了人们对合家团圆的美好祈愿。就中国传统文化而言，中秋节吃月饼和作为礼品馈赠月饼已经是中国人不可缺少的两大主题。

馈赠礼品是为了表示送礼人的感情和心意，受礼人收到礼品后心情愉悦才能为此次成功的人际交往活动画上一个圆满的句号。随着人们生活节奏的不断加快和人际交往活动的日益密切，礼品服务业变得兴旺发达，赠送礼品也出现了请人代送、快递送达等形式，可以快速地把礼物直接邮寄给朋友。

二、英语国家的礼品馈赠习惯

纵观全球，各国皆有送礼的习惯。日常交际中，它是人际交流的基本原则和工具，规范着人们之间的交往行为。实际上，差异很大的习惯表象是深层次的文化根源不同造成的。对文化差异进行理解和尊重的基础上，也要了解其文化根源及本质。一般而言，英语国家的馈赠习惯具体如下：

（一）生日礼物的馈赠习惯

对西方人而言，他们注重的是送礼的形式本身。礼物贵贱不在价格，而在于礼物是否符合其心愿，得到一份惊喜。例如，给年轻女孩子赠送的生日礼物，可以是带有精美饰品的手镯、耳环，女孩子喜欢的书籍、漂亮实用的文具、香水、头巾或是装饰品等。夫妻之间相互赠送的生日礼物，则最好是她或他心仪已久却因某种原因一直没有拥有的东西，这种礼物常会带给对方一个大大的惊喜，并且给夫妻生活增添一丝浪漫气息。

又如，人们送给老年夫妇较为理想的生日礼物是盆栽以及他们感兴趣的各种书籍、杂志等，有时还会为他们订一份报纸或给他们提供旅行机票，这都是能够给老人带来惊喜的一份礼物。当然，对来自不同文化背景的人而言，亲手制作的东西，如亲自烤制的食品、手织的衣物或其他手工制品，都是世界上最好的、最值得回忆的礼物。

（二）婚礼礼品的馈赠习惯

婚礼礼品中，第一位当属订婚礼物。年轻人订婚时，送礼人主要限于关系亲密的亲戚和朋友，主要送礼对象是女方，即新娘，蜜月旅行的行李用品、枕套、床上用品等都是可供选择的馈赠礼品。新娘送礼会是指亲朋好友为即将结婚的女子举行的赠送礼物的祝贺活动。送礼会上赠送的礼物要求具备实用、得体、新颖等特点。传统习俗上，送礼会上的礼品一般都是手工缝制，在今天更被视为珍贵的馈赠物品。为新娘送礼时，必须严格遵守规范：①礼品必须在送礼会上赠予主宾，如果送礼人有特殊原因不能参加送礼会，应该事先将包装好的礼物送到主宾家里；②赠送的礼物上最好附一张写有馈赠者姓名的贺卡，当主宾打开礼物时，根据贺卡可以知道礼物的来源；③礼物要在送礼会上当众打开，主宾应当场向馈赠者表示感谢，也可以事后写信致谢。被邀请参加年轻夫妇举行的结婚周年庆祝活动时，受邀人必须要带点礼物才能参加，礼物最好是较实用的家庭用品等。而中老年夫妇举行此类周年纪念活动时，由于他们的生活用品已经比较齐全，受邀方可以考虑送木制品、电子产品或瓷器等。

（三）聚会间的馈赠习惯

西方人喜欢在周末的时候，请自己的亲朋好友来家中的花园小聚，被邀请者要随身携带一些小礼品前往，如鲜花、水果、糖果、书籍等物。

西方人也有向他人赠送鲜花的习俗。作为一种特殊礼品，鲜花受到西方各国人们的普遍欢迎，几乎每个人都可以向别人赠送鲜花。在一些特定场合赠送鲜花是一件可行的事情，如少女初进社交界的晚会、参加欧洲人举行的家宴、出席葬礼等。

在东西方文化中，“送礼”是人们在日常人际交往活动中重要的文化习俗和重要的组成部分。从其本质和根源解释，相关送礼的习俗文化差异是由于东西方礼仪文化和价值观念的不同。随着不同国家、不同地区之间文化交往的日益频繁，交际的双方需要理解和把握深层文化的本质和特征，从而加强沟通，有效地避免跨文化交际中引起的误解和文化冲击。

第二节　数字文化的交际

“在长期的历史发展过程中，使用汉语和英语的民族具有了不同的文化积淀，即便同样的数字表现在不同语言文化中也会有不同的象征意义和引申意义。”[①]由于汉英民族文化的差别，使得汉英习语中相同数字并不能表达出相同的含义。

数字是人类物质文化及精神文明发展到一定阶段的必然产物，同时也是人类进步的表现方式。由于习俗文化的影响，数字文化被赋予了鲜明而神秘的民族色彩，来自不同语言和文化背景的人对同一数字的理解是大相径庭的。理解数字词语意义不但需要全方位地理解概念意义，还需要多层次地理解内涵意义。概念意义是主要的部分，内涵意义是其补充部分，受到历史事件的影响，个别数字具有特殊的意义和指代。这也是民族文化中文化内涵的

① 纪红，左娟霞．跨文化交际中汉英数字习语文化内涵比较[J]．安徽水利水电职业技术学院学报，2021，21（2）：73.

量化概念具有普遍性的原因，但是不同民族对于数字的内涵和含义却有其独特的理解。所以，人们在数字选择和偏好上是有很大差异的，造成这种强大差异的主要原因是不同的民族性质及民族历史的演变。

数字文化是民族文化的一个重要组成部分。通过数字文化研究，我们可以从中了解不同民族的心理发展过程。认真、系统的数字文化对比和研究能极大地促进跨文化交际活动进行。

中国的数字文化以汉族为例进行阐述。以汉语为代表的东方文化观，体现在中国人的审美观念中则是尊崇双数。对大多数中国人而言，双数意即期盼吉祥、向往美好的民族文化心理。汉语中双数蕴含的文化内涵促使人们追求好事成双、双喜临门。人际交往中，双份礼、文学形式中的春联和修辞格中的对偶等都体现出了汉民族对双数的情有独钟。几乎汉语中所有的偶数及其倍数都是蕴含吉兆的褒义。

以英语文化为代表的西方文化起源于古希腊、罗马文化，由数字产生的联想意义大多与神话故事密切相关，其对数字文化内涵有着深远的影响。

在西方文化中，数字“3”具有吉利且十分神秘的内涵意义，由此可见，西方人把数字“3”看作一个完美、幸福的数字，并赋予它其他数字所不具备的神奇作用。

有趣的是，数字“13”和“3”享受着截然相反的待遇，它是西方人最忌讳的数字，被认为是凶险和不祥的象征，其渊源和他们的传统文化思想密切相关。西方人认为这个令人恐惧的数字常和厄运等牵手同行，这种根深蒂固的传统思想使现代社会中的人也避免与这个数字过分亲近。因此，在跨文化交际活动中，我们需要特别注意这个数字。

第三节　姓氏文化的交际

作为标志人类家族的语言代码，姓氏代表着一定的社会结构，并有助于分辨全体社会结构中每个成员的身份。姓氏是一种具有血缘传承关系的家庭或者宗族群体的标志性符号，具有特制性，它是人类社会维系血亲、区分族别的重要依据。同时，姓氏文化和人类的文明紧密相连，并且随着时代变迁、社会发展和人类自身进步而发展，进而从各个侧面反映出社会生活、习俗文化的发展和演变过程。对于姓氏文化的研究是传承文明、解读历史、透视社会的独特视角和微观窗口。

姓氏最早起源于部落名称或部落首领的名字，是指同一个祖先繁衍的后代，统称为宗族，它主要用于辨别部落中的不同民族后代，以方便不同民族之间的通婚。一般而言，姓在其产生后会世代相传，不能随意更改。因而，姓氏具有一定程度的稳定性。

姓氏作为语言的交际工具，充分反映了民族文化所包含的丰富历史信息，忠实记录着社会生活发展的变化。姓氏文化是各个历史时期繁衍生息、播迁交融的综合和历史发展的缩影。英、汉语言生长在不同的文化环境中，经过漫长的历史洗刷和文化积淀，张扬着迥然各异的特征，迸发出独特的个性魅力，其共性特征体现了各民族在思维方式、价值观念上惊人的同构契合，个性差异又带有深深的特色印记，蕴含着不同民族的意识形态、文化思想和语言特点。熟知不同语言和文化的姓氏概念差异，可以帮助我们了解不同语言的独特结构、迥然的文化起源和鲜明的民族特征，进一步分析姓氏的语意取向，揭示英、汉语言和文化异同，从而极大地提高跨文化交际中的文化意识。

一、中国的姓氏文化

中国的姓氏文化以汉族为例进行阐述。古老的姓氏是一个国家、民族悠久历史文化的标识之一。世界上第一个使用姓氏的国家是中国，姓氏在中国人心中具有神圣不可侵犯的地位。汉族姓氏与古代社会世袭制度、大一统观念和血缘有着无法割舍的密切联系。从母系氏族社会开始至今日，中华古姓已经有一万多年的历史，正所谓“姓者，统其祖考之所自出；氏者，别其子孙之所自分”（刘恕·《通鉴·外记·注》）。自古以来，中华子孙以姓氏为家族延续的标志，姓是一种族号，氏是姓的分支。秦汉时，姓氏合为一体标志着从群婚制到以血缘关系的婚姻制的转变，是人类文明进步的一个重要里程碑。

现代汉语中，姓氏主要指“姓”，是由“姓”和“氏”两部分合二为一得来的，它是大宗族号，代表宗族、血缘和群体的关系。中国的姓起始于上古母系氏族社会，人们按照母系血缘分成若干氏族，每个氏族都以图腾或者居住地作为相互区别的族号，这个族号就是早期的“姓”。从伏羲氏时就开始“正姓氏，别婚姻”。当时，姓和氏是两个完全不同的概念范畴。随着人类进入父系氏族社会，男性不断分封领地，一个部落又分为若干分支，每个分支设立一个特殊称号，随即产生了一个个“氏”，到了周代及其后的春秋战国时期，当时的分封制度使它得到了快速发展。需要注意的是，周代贵族有姓氏，而一般平民则只有名，没有姓。战国以后，人们称呼时一般是避讳姓而称氏。此后，它们的界限越来越模糊，姓和氏逐渐合为一体，成为一个概念。汉朝时，姓氏合二为一使平民开始有了自己的姓。至此，姓氏在经历了数千年漫长的历史发展过程后逐渐形成，并沿用至今。人有姓氏正如树有根基，我们多用“寻根”二字表达某一姓氏认祖寻根、追源溯流的认祖情结。中国人姓名由两部分组成：姓和名。同时，姓有双姓和单姓，名有双名和单名的区别，合起来有单姓单名、单姓复名、复姓单名和复姓复名等诸多形式，如诸葛文君、刘备、司马迁等。

（一）中国姓氏文化之“姓”

“姓”是一个氏族的社会代码，通过姓，我们可以探寻到一个有血缘关系群体的起源、发展、迁徙和分化、兴旺和衰败。姓属于会意字，能依据一定逻辑加以组合，用以表示一个新的概念。

甲骨文中“姓”字由女、生组合而成，其原始含义为“女性所生”。金文中“姓”字由人、生组合而成。“姓”是宗族文化的标志，拥有它，就表明某个人已经得到了宗族认可。在某种程度上，“姓”是社会地位和历史背景的体现。中国汉民族姓氏繁多，每一个姓氏起源都有复杂的社会、历史背景。中国的“姓”主要包括以下类型：

第一，以祖先称号为姓，此类姓氏大多来自古代帝王、名臣的名或字。

按照周代姓氏规定，“公族”只包括各代国君的近亲三代，三代以下不再属于公族，需另分支族。所以，诸侯国君的玄孙不得再称公孙，而应以其祖先的字为姓氏。如高、孔等。类似这样的姓氏还有常、施、游等。如果先人没有字，便采用名作为姓氏，如伏姓是伏羲氏的后代，禹姓是大禹的后辈，均以先祖的名为姓氏。

第二，以祖先建立的国家为姓，如齐、鲁等。夏、商、周三代都实行了封国和赐地的制度，诸侯国遍布各地，这些国名便成为诸侯后裔的姓氏。以封邑名为姓。自周代实施分封制度后，在自己的封地内，诸侯国君对卿大夫及有功之士进行封地赏赐，俗称“封邑”。作为受封的食采之地，又称为“食邑”“采邑”，这类姓氏也是大宗本姓的分支，如宋国公族有食采于萧邑者，将姓由子改为萧。类似这样以封邑为姓氏的还有刘、白等。中华姓氏错综复杂、千丝万缕的关系由此可见一斑。

第三，以居住地为姓。有氏族采用所生活或者居住的环境作为姓氏，如春秋时期郑国士大夫住在都城西门，后代便以西门为姓氏。齐国公族士大夫分别住在东郭、西郭、南郭、北郭，这四郭后来都成为姓氏，属于此类的姓氏还有城、柳下等。

第四，以官职名为姓。封官晋爵是一种荣耀，有些后人因此把官爵称呼当作姓氏。为了沿袭某种官职，根据官职的职能和性质，周代诸侯国君的公子、公孙分立支族作为姓氏，如战国时期楚国的子兰因出任上官大夫之职，后代便以“上官”为姓。司马、司徒、太史等复姓都属于这类姓氏。此外，王侯公室贵族后裔还常以爵位为姓氏，如王、公孙、公等都是以其始祖所获得的爵位封号作为姓氏。

第五，以技艺为姓。子承父业是古代中国各种制造技艺相传的主要途径，以避免同行竞争。当时社会，推行限制工商业者改变社会身份的策略，故而职业名称也成为世代相传的姓氏。

第六，以帝王赐姓为姓。以帝王赐姓为姓包括赐姓和改姓。所谓赐姓，是指古代国家的最高领导者褒赏、笼络属下的一种手段，大多为历代帝王赏赐有功之臣为皇室姓氏，统称“国姓”，如明代赐郑成功为“朱”姓，人称“国姓爷”，以示荣宠。所谓改姓，指由于避难和避讳等多种原因，为了生存，一些人不得不更改自己的本家姓氏，如因避讳孔子名（丘）而改为“邱”。

第七，以德行为姓。以德行为姓氏分为两类：一是以“吉德”（优良品德）为姓氏，如晋国赵衰辅佐公子重耳——晋文公回国登位，赵衰后裔以“冬日”为姓氏，意在显示他对人热诚，犹如冬天的太阳般温暖，以此赞颂他的优良品德。二是以“凶德”（劣行）为姓氏。

第八，以族为姓。以族为姓分为两类：一是指卿大夫、王公、贵族分支转变为姓氏，如楚国有昭、屈、景三族，齐国有左、右两族，其族名逐渐演变为姓氏；二是指古代少数民族以部落和部族音译为姓氏，如汉代鲜卑族有慕容部，后人称慕容氏；古代辽东有完颜部，后人称完颜氏。

第九，以排序为姓氏。以排序为姓氏可以分为三类：首先，以顺序排行为姓氏，如用伯孟、仲、叔、季来表示长幼之序，因而形成了伯孟、仲、叔、季等及其衍变的姓氏；其次，以表示事物先后次第为姓氏，如汉代齐国分别设立从第一、第二到第八等特殊姓氏；第三，以时间先后顺序为姓氏，如《史记》《姓苑》《姓考》都有记载把甲、乙、丙、丁、子、丑、寅、卯等原为天干、地支的专有名词作为姓氏的起源。

中国人姓氏习俗沿袭至今基本没变，子女随父姓。在今天的现代家庭中，一家几个孩子中有的随父姓，有的随母姓已不是罕见现象。而在一些独生子女家庭，比较普遍且已经被人接受的做法是将父母单姓合二为一，于是就出现了新的复姓。

（二）中国姓氏文化之“名”

“氏”属于象形文字，甲骨文和金文中都有此字，而且写法基本一致。先秦时期，它不仅是部族、宗支徽号，同时也是社会地位的标志。中国研究人员对“氏”字的释义为，应作“是”讲，表存在，是指某一宗族分支生活、聚居于某一地区，把地域概念融入血缘群体组织之内，这种表示不同地区、同一姓族组织的分支、衍派，就是我们常说的“氏”的内涵。

我们有必要明确一下中国古代人的“名”和“字”，其语义差异必然导致它们在使用上有一定讲究。周代，对一个年幼的人，我们会直呼他的名，当20岁举行结发加冠成人礼时，就开始称呼他的字。名有卑贱的含义，个人自谦时也称名。作为一个人成年后的代号，字实际上是名的解释或补充，字可以表德。称呼平辈或是尊辈的字表示尊敬，但很少自称自己的字，否则会有明显自夸的意思。介绍他人或个人自通姓名时，说话者常是姓、名、字三者都要提到。中国人名字有大名和小名之分，即学名和乳名。小名较随意，但不包含任何消极含义。当今的中国父母常选用一些比较温馨的重叠词语作为小名，如棒棒、甜甜等来表达对孩子的爱意，小名一般只使用于家人和亲朋好友之间，这是因为时代发展使人们对姓名的审美发生了一定变化。

需要注意的是，除名、字以外，汉族人名中还有一个特有的现象：别号，它常表达取号人自己的志趣、心声和愿望。古代中国人的名和字多是由祖父母、父母或兄长取的，而别号却是自己取的，但不是所有人都有别号，号主要用于对人的尊称。如诸葛亮，号卧龙先生，以示本人志向高远；唐朝大诗人杜甫，号少陵野老，他曾经住在陕西省西安市以南的少陵，并由此得号。

把中国男性和女性名字加以综合分类，可以大致看到中国人名字的男女性别特征，人们多用英武、博大、带有一定阳刚之气的词语来给男子取名，表示抱负的，如安邦等；表示意志的，如刚、毅等；表示与众不同的，如冠群、双军等。而中国女子的名字，如姗、妮、娟、莲、香等，从字形到字意表达的都是中国传统女性的贤淑、文雅、秀美。

人们的姓氏和名号是语言的一部分，名字带有时代印记是一件极其自然的事情。春秋时代“子”的使用反映了那个时代人们崇尚礼仪、尊敬他人的风气，该字是对男子的尊称和美称，如子路、子夏是当时比较流行的名字。至西汉汉武帝时期，祈求长生的心理使人们用“去病”“延年”等为名，如我们熟悉的西汉名将霍去病就是一个典型例子。

随着中华人民共和国成立，全国人民奋发向上，同心协力共建祖国，“解放”“国庆”“建国”“爱华”等反映这个伟大时期的名字应运而生。

可见名字真实地记录和反映着中国社会发展的时代变迁和人们的精神风貌。时至今日在跨文化交际活动中，不同语言和文化背景下姓氏的历史文化差异，值得语言学习者和跨文化交际的参与者进行深入的分析和研究，并借助其拓展文化意识。这对于丰富历史知识、弘扬传统文化、增进彼此了解、促进跨文化交流都具有重要的现实意义。

二、英语国家的姓氏

公元前，英国人的称谓体系是“有名无姓”。古英国人取名遵循一条重要的原则：不被重名，至少在本地区如此。依照他们的习俗，人去世后名字就不再被提起，这种没有姓的做法一直延续到10世纪。1066年，诺曼底人入侵英国，同时，他们的姓氏制度也被带到英国。从此，英国便正式宣告有名无姓时代的不复存在。其后的数百年中，英国人逐渐形成了自己完整的姓氏体系。

（一）英语国家的姓氏

作为语言符号，英语姓氏是在名字基础上产生的，是被全体成员世代沿袭的家族公名。按照牛津和朗文字典解释，英语姓氏是一个家族全体成员所共同拥有的一种纯粹的符号。英语国家中，一般子女随父姓，家族世代相传。女性出嫁后会改随夫姓。近年来，婚后女性仍保留原姓的情况有所增加。有些已婚女性会稍做变通，在原姓前或后加上夫姓，形成复姓。英语国家的姓氏具有以下特征：

第一，以职业、技能等演变的姓。作为姓氏，行业名称是随着英国手工业传统的经济结构发生巨大变化而出现的，如Archer（阿切尔，意为弓箭手）、Barber（巴伯，意为理发师）、Carpenter（卡彭特，意为木匠）、Clerk（克拉克，意为办事员）、Cook（库克，意为厨师）、Smith（史密斯，意为铁匠）、Taylor（泰勒，意为裁缝）等，都是起源于祖先所从事的职业或者擅长的技能，并逐渐地演变成家族姓氏。

第二，以居住地的名称或居住地地貌为特征的姓氏。其中，有的姓氏来源于居住国家、城镇、住所或者迁徙地名称。根据《英语姓名知识手册》所收录的数百个英语姓氏起源统计表明，以地名和地貌作为姓氏的有129个，有些反映了姓氏家族当时的生活区域，如Kent（肯特）、Devon（德文）等区域名称，还有一些起源于地形、地貌名称的姓氏，如Hill（希尔，意为小山）、Lake（莱克，意为湖泊）、Wood（伍德，意为森林）、Bush（布什，意为丛林）、Field（费尔德，意为田野）等，这类姓氏反映了祖先居住的地理环境。

第三，以个人身体和个体特征为姓氏。生性幽默、诙谐的西方人常会根据一个人的外貌特征、性格特点和特长爱好给同族同名人起绰号用以区分个体，如John Short（矮个子的约翰）、John Long（大个子的朗）、John Wise（聪明的约翰）等。随着时间的推移，这些绰号逐渐演变成英语姓氏，如Small（斯莫尔，意为小人）、Long（朗，意为大个子）、Wise（怀斯，意为聪明）、Short（肖特，意为矮个子）等，此类起源占英语国家姓氏总数的一大部分。虽然这些姓氏褒贬各异，但却充分体现了其祖先张扬的个性特征。英语中某些姓氏由“名+子”（first name+son）组成，表示一种父子关系，如Wilson威尔逊（son of Will威尔之子）。

第四，是与宗族和血缘关系有关的英语姓氏，主要是由父名加词缀构成，一些姓氏带有Mac、Me和O等前缀，如Macarthur（麦克阿瑟）、Macmillan（麦克米伦）、MacDonald（麦克唐纳）等带有Mac或Me前缀的英国姓氏，说明该姓氏拥有者属于苏格兰人的后代，而O’Brien（奥布莱恩）、O’Neil（奥尼尔）等表明该姓氏的拥有者是爱尔兰人的后代。

此外，还有与人口迁徙相关的英语姓氏称谓。历史上人口迁徙经常发生，移居英格兰的外地人常被称为Scot（苏格兰人）、Wallace（威尔士人）或“Traveler”“Strange”。如此，这些新移民就以Scott（斯科特）、Wallace（华莱氏）、Travellers（特拉维拉斯）、Strange（斯特兰奇）为姓。

另外，还必须注意到那些与官职、爵位相关的英语姓氏，如表示王室的爵位King（国王）、Queen（王后）、Prince（公子）、Duke（公爵）、Earl（伯爵）、Knight（男爵骑士）等。英国人还特别喜欢采用昵称作为自己的姓氏，主要是为了避免重名重姓，如昵称Will与Bill均取自姓氏William，Beth

与Liza均取自姓氏Elizabeth，因为昵称随意而自由，读起来更加亲切，常用于平民阶层。有趣的是，诙谐幽默和标新立异的个性使英国人常选用自然界中的常见事物和日常用品名称作为自己的姓氏，他们是自己姓氏的缔造者，如Day（白昼）、Frost（霜）、Ray（光线）、Sparks（火花）、Snow（雪）、Bell（铃）、Buckle（扣子）、Glass（玻璃）等。

（二）英语国家的姓名

英语国家中，人们的姓名一般由两部分组成：名+姓，其排列顺序和中国人正好是相反的，如Linda Johnes（林达·琼斯）。有的人有两个、三个甚至是更多的名，但是大多数人只使用一个名字，即首名或是教名。首名又称教名，两者是一体的，指孩子出生后经过洗礼后获得的命名。一般而言，教名有男女之分。根据教名，大多数情况下可以判明男女性别，如Alice（爱丽丝）、Betty（贝蒂）等是女名，而Michael（迈克尔）、Peter（彼得）则是男名。有的教名则男女共用，读音和拼写形式完全是一样的，如Dale（戴尔）、Lindsay（林赛）等。办理公务或签署文件时，按照首名+中名+姓的次序排列，如Linda Jane Smith（琳达·简·史密斯）。与大多数中国人相同，英语国家的爸爸妈妈在给孩子们取名时，也是非常仔细和慎重的，常是经过深思熟虑才做决定，这里所说的深思熟虑，是指起名时必须考虑到自己国家的文化习俗等一系列相关因素，具体包含以下方面：

第一，父母、亲朋、好友的名字常被用来给孩子取名字，如英国著名科学家达尔文（Charles Robert Darwin查理斯·罗伯特·达尔文）。他的名字源自他的父亲罗伯特·达尔文和他的叔父查理斯·达尔文，因为他父亲希望达尔文能够继承自己的家族事业。有时，父母会为孩子取和自己完全相同的名字。为了便于区别，常加上Junior（小），这个词通常缩写为Jr.。一般而言，英语国家首名或教名是由父母、牧师取的，中名多是以父母、亲朋的某个名字为己名，表示本人、父母和亲朋的亲密关系。

第二，英语国家人们还有用圣贤、名人名字为孩子取名的习惯。基于崇拜英雄的心理，以华盛顿、林肯、罗斯福来命名的人很多。除此之外，用《圣经》典故中的人物取名字的做法也十分普遍。

第三，社会价值观的不同给取名带来了一定影响，这一点和中国取名十分相似，如Lily（莉莉，英语原意是百合花）、Susan（苏珊，表示优雅、亲切）、Diana（戴安娜，源于希腊语月亮女神，是美丽、优雅、高贵的象征）、David（大卫，源于希伯来语，受人爱戴的意思）、John（约翰，源自希伯来语，意思是上帝的仁慈）。通过这些名字，我们可以看到英国人崇尚的价值观和他们名字的象征意义。

有时为了标新立异，他们会弃旧图新，取一个令人百思而不得其解的名字，如Sydney Harbour Bridge，意思是悉尼港口大桥。与中国类似的是，英语国家的人也有给孩子取小名的习惯。

除取名外，使用名字也有一定规范和规则可循。一些正式社交场合或陌生人间，单独称名字是非常不礼貌的一种行为，但是可以称姓，记得姓前必须加上适当称谓语，如先生、太太、小姐或是教授、博士之类。熟悉的朋友、同事或是家人之间，直接称名是可以接受的，表示十分亲密且没有距离感。

第四节　饮食文化的交际

从古至今，“吃”是全世界各国人民一直共同关注的也是生活的重要组成部分。从原始时代部落的共食到现代社会多元的宴会形式，丰富的菜肴种类和各式各样的宴会礼仪都是不同时期各个国家人们社会生活的真实写照。

通俗意义上解释，宴客就是请客吃饭，它以一种特殊方式反映着社会礼仪的进步，影响着人类文明的进程。但是，宴客绝不等同于简单意义的请客吃饭，它是人们历代传承下来的宴饮方式和礼仪规范等。虽然在各国人们的日常生活中，并没有用法律条文对其加以规定和约束，但它对参加宴客的人们有极强的规范和限制作用。

世界上不同国家民族都以宴请的形式来庆祝属于自己的传统节日和大型庆典活动，英、汉语国家在宴客习俗上有着很大差异，这主要是因为地理环境不同、中西饮食在起源上不同产生的。随着当今社会科学技术的迅猛发展和文化生活日新月异的变化，人们在思维方式、价值观念上的变化等使中西宴客行为的差别越来越大。不同文化背景下的人对婚姻、节日等活动中的宴客习俗甚至还会出现相互对立的情形。宴客活动中所涉及的场地、环境、食物、服务等各个细小环节，都能够体现出不同国家地域间人们的喜好、性格和深层次的宴客习俗。

一、中国饮食文化之宴客

习俗是由“礼”发展而来，我国一直很重视“礼”的作用。“宴”的古字是“筵”，筵和席同义。我国最早的宴饮行为是从先秦时期的祭祀礼仪中产生的，宴饮活动的雏形是在那个时期形成的，先秦时期的宴饮一般都是大家聚在一起席地而坐的聚会。农耕文化是中国文化的基础，中国是一个具有鲜明农业文明特色的国家。农耕文明对中国文化的影响具有巨大作用，中国的饮食文化就是以农耕文化中的蔬菜种植为主，动物肉食为辅的一种结构。先秦时代，中国人的饮食就形成了“五谷为养”的形态，粮食吃得多，肉吃得少，蔬菜也是作为辅助，占据主导地位的是植物类菜品。

作为东方哲学代表的中国哲学，它的显著特点是宏观、直观、模糊及不可捉摸。中国人对饮食追求的是一种难以言传的“意境”，世代中国人在认识外界事物时看重直觉，而直觉是一种可以意会却无法言传的奥妙。若想真正懂得这些道理，则必须要亲身体验，用心感悟。中国的饮食观是感性的，充满了艺术的“性灵”与境界美，其饮食文化是基于中国哲学基础之上的感性饮食观，由它延展而生的中国饮食文化：一是为创造力提供了灵感；二是饮食的随意自由性。如菜肴间的搭配、器具的使用等方面都可以随心所欲地发挥，甚至到了一种艺术的极致。在一定程度上，随意性可以加重感官的认知。

中国人的直觉与事物融为一体，追求事物的和谐统一之美，向往个人、自然、社会、国家高度内在统一的环境。中国具有丰富的地域饮食文化，每个厨师都是独一无二的，都会根据自身的悟性去创造出美味佳肴，具有很大的差异，这也激发了中国饮食文化的创新，我们将这种创新称为直觉创新。这种创新是脑海中的灵光一现，不是思维的产物，也不是推理的产物，是具有神秘性的一种意境表现，是内心体验和感性认知的产物。中国人在饮食文化中，主要是从感官到内心的一种享受，也是从外在到内在一种愉悦的感觉，追求的是一种“意境美”，这种是一种无法用言语表达的概念。这种美好的感觉，人们从感官上对其进行加强和把控，用色、质、香、味、形和器等可以用视觉感受的因素将它们具体化、实物化。在菜肴制作上，讲究调和，追求其中各因素的和谐统一。其中，味道最难以捉摸且最能引发人感官和内心的愉悦，因此，它居于众要素之首。同时，在中国饮食中，它也是最为人们所追求和珍视的。评价一个厨师的技艺如何，味美是居于色、香、味、形等诸多因素中最重要的标尺。纵观亘古五千年的中国饮食文化，中国人一直都把追求美味奉为进食的首要目的。正如民间俗话“民以食为天，食以味为先”。

中国人宴客的特点：重菜肴的丰富多彩，但不是过分重视食物的营养配比。在中国人的主要菜肴里，素菜在平常的饮食结构中占有极为明显的主导地位，因而西方人把中国人称为植物性格。将其拓展到中国人的文化行为方面，则可以看到，大部分中国人喜欢安居、稳定的生活条件和安逸的生活环境，这使我们时时刻刻记挂着自己的“家”。在中国饮食文化的发展道路上，我们需用理性思维把握其科学的发展方向，注重营养与健康的理念，这种理性思维不是呆板地复制西方的理性观，而是在质上和量上的一种理性控制。对于饮食文化中的优秀传统，我们要大力发扬，多样化发展。在形式与内容上感性把握，在追求其色、香、味的同时，保持食物营养的完整性，将西方饮食文化中的科学、营养和注重卫生的优良特质融入中国饮食文化的发展进程中，从而保持汉民族饮食文化的精髓，追求感性与理性的完美结合。

二、国外饮食文化之宴客

（一）西方人的饮食文化

早期西方国家中，畜牧业与农业并重，在此基础上发展起来的西方饮食是以动物肉食为主、植物蔬菜为辅的结构体系，主要食物是肉食品，且用量极大；而蔬菜、水果、面食品的用量相对较小，属于次要且不可缺少的食物。日常生活中，每个国家的人民都不知不觉地透露出其自身带有的文化背景，其中饮食文化便是最具代表性的一个方面。

在饮食上，西方人严格地以营养为最高准则，饮食的重点放在蛋白质、脂肪、碳水化合物、维生素及各类无机元素的含量搭配是否合适，卡路里的供给是否恰到好处，这些营养成分是否能被进食者充分吸收以及有无其他副作用等方面。

在理性饮食观念的指导下，即使是参加盛大的西餐宴席，西方人通常也大多是六道菜。由此可知，西方人的宴会注重的是形式，是自由，是一种宴会的多样性，他们的重点不在吃的东西，主人在宴会中主要营造的是一种氛围，让客人感受到轻松、欢乐、和谐，能够全身心投入宴会的美好时光中。在西方人看来，他们的吃饭就是一种聚会、一种交流的形式，吃的东西是重点，但是并不是最重要的。

（二）西方人的宴客形式

英语国家的宴客形式大致有：有席位的宴请（seated dinner）、鸡尾酒会（cocktail parties）、正式午餐（luncheons）、自助餐（buffet dinners）、招待会（receptions）、野餐（picnics）、茶会（tea parties）。在宴客时，采用哪种吃饭的形式完全取决于客人的身份、主人想要达到的目的以及方便程度，该正式的一定要正式些，该随意的就要随意些，重要的是达到宴客的目的。

（三）西方人的宴客习俗

通常，在西方，宴请之前主人会提前预约以表诚意。在正式宴请环节，主人一定要提前几周就通知到每个客人。为了表示其正式性，主人还会发邀请卡或电子邮件通知客人，但家人或朋友聚会，电话或者口头通知就足够了。被邀请的客人必须及时回复，以示礼貌。

在西方参加宴请，一般遵循“礼轻情意重”的送礼原则，一束鲜花、一瓶洋酒、一盒巧克力等都是宴会上不错的见面礼物。

西方人的宴饮十分讲究座次排列，良好的座次礼仪可以表现出自己对客人的尊重，一般要遵从两个原则：一是遵从女士优先的原则。宴客开始时，请女性客人先入座。女主人在宴会中坐主位，主位同中国一样是面对门的座位，而背对门的座位通常是男主人的座位。二是男女宾客需要穿插而坐，右手为尊。入座时一般男士要走在女士后面，并且男士还要为自己邻座的女士拉开椅子，帮其入座，以显示绅士风度。女主人跟随在其他客人之后，最后一个进入餐厅。

西式宴会程序中，主人在座位上会准备指示卡，客人按指示进行就座。随着社会的发展，中西宴会座位没有了以前那么严格的规矩，相对轻松了一点，特别是在亲友聚会上，讲究舒适和方便则更为重要。

【思考与练习】

1. 如果有西方国家的朋友邀请你去参加周末聚会，你会准备怎样的礼物，并说明原因。

2. “3”这个数字在英语国家为褒义是否正确。

3. 请说明中国姓氏主要有哪些类型。

【参考答案】

参考答案1：会准备一些小礼品前往，如鲜花、水果、糖果、书籍等。因为西方国家的人更看重礼品所包含的意义。对西方朋友而言，赠送价值昂贵的礼品不太合适，因为他们一般不以礼物的实际价值来衡量双方的友谊。总体而言，向别人赠送礼物时，送礼者希望在给对方留下美好印象的同时，也能表达自己的情感。

参考答案2：正确。在西方文化中，数字“3”具有吉利且十分神秘的内涵意义，这是由“三位一体”的文化确立的，并影响西方人的社会生活。

参考答案3：中国姓氏主要有以下类型：①以祖先称号为姓；②以祖先建立的国家为姓；③以居住地为姓；④以官职名为姓；⑤以技艺为姓；⑥以帝王赐姓为姓；⑦以德行为姓；⑧以族为姓；⑨以排序为姓氏。

第四章　跨文化交际的职场对话

第一节　职场中的问候与告别

一、职场中的问候

问候语是日常交际中使用的重要语言之一，问候指的是人们见面时相互打招呼的一种礼仪，该种行为能够更好地让人们进入正常的交际活动中。从社会发展的角度来说，问候有利于推进人们的交际行为，更是符合社会发展需要的一种重要礼仪。由于地域文化和环境的不同，中英文问候语有所不同，这也是跨文化交际中的一个重要问题，所以有必要在进行跨文化交流中采用正确的中英问候语策略。[①]

认识问候语的功能对于中英问候语对比来说具有至关重要的作用。在交际过程中，中文语境也好，英语语境也好，都具有相通性，表现在问候有利于交际双方建立一个相互对应的关系，只有另一方能够接收到发起问候一方并予以回应的时候，才能推进跨文化交际活动的展开。通过问候，可以让双方对对方的态度进行掌握，从而作为展开交际的基础和前提，同时也有效地拉近了双方的关系，因此，问候语的功能体现在两个方面：①交际功能，即通过问候来建立交际活动中的社会关系；②打开话题，即通过问候，为后期的交际活动奠定基础。

① 丁芝慧．中英问候语对比及跨文化交际策略的选择 [J]. 科教文汇（上旬刊），2019（7）：176.

（一）职场中中英问候语的差异

第一，礼仪效果差异分析。交际过程中离不开问候，这是一种基本的礼仪，不过由于文化环境的不同，礼貌也具有不同的准则。比如，西方社会中的礼貌准则是以平等为基础的，所以个人本位成为英语语境中的核心内容。而汉语语境则不同，由于传统文化的作用，尊重对方是更为重要的，所以汉语语境中更多的是一种谦逊的态度，往往也会采用谦虚有礼等词语来表达一个人懂礼貌。从中英文的表达不同可以看出，中英问候语是有所不同的，这一差异的形成主要是由不同的中西方国家历史和社会环境作用而形成的。

第二，交际环境的依赖性差异分析。交际过程中，相对而言更为直接的是英语语境下的问候，它不依赖于环境，大部分的交际情景中所采用的问候语差异也不大，而且往往会结合身体语言来表达礼貌。但是中文语境则不同，它受环境的制约作用较大，而且情景不同，所采用的问候方式也有很大的不同，要具体从行业、人员、阶层等方面来予以区别。

（二）职场中问候语的注意事项

第一，在大多数的商务场合，下面的词语不适合，因为这些词语过于夸张。如highly、exceedingly、greatly、overjoyed、ecstatic、wonderful、thrilled、enchanted、lovely等。

第二，下面的单词不应该使用，因为它们很容易造成误解：anxious一词显得过于热心，而content一词却显得自满和安逸。

第三，当回答对方的问候时，下面的词被认为是不够积极或是不够肯定的回答：fair，so so，all right，okay（ok）。

二、职场中的告别

从不同的研究视角，告别语可以分为不同的类型。李丽娜在《告别言语行为分析》一书中从形式—语义的角度出发，将告别语分为不同的类型：直陈式；因由式；嘱咐式；致谢式；建议式；劝慰式；回味式；祝愿式等。该书对职场告别语的研究是基于跨文化交际角度进行的，因此其分析是建立在告别语的功能基础上的，从这一角度来说，告别语可以分为三类：一是“基本式”告别语，二是“送别式”告别语，三是“辞别式”告别语。

（一）基本式告别语

职场中最常见的告别语要数“基本式”告别语，它具有广泛的使用范围。基本式告别语从不同的语义表达形式来分，包括以下几种：

第一，“再见，拜拜！”。这是最为常见的告别用语，适用于大部分场合。由于英语中告别时常说“Good bye！”“Bye-bye！”或“Bye！”，翻译过来就是“拜拜”，甚至更简单省事则直接说“拜”。

第二，“具体时间+见”“具体地点+见”，如“明天见！”“教室见！”“北京见！”等。这一类告别语的适用范围更为广泛，无论是正式场合还是非正式场，无论告别对象是上级还是下级以及同事等，均可以使用此类告别语。

第三，“称谓语，再见！”类告别语，这里的称呼根据告别对象的不同而不同。称呼部分可以是告别对象的职位，如“老师，再见！”“经理，再见！”；告别对象的“姓+职位，再见！”，如“王老师，再见！”“张经理，再见！”；告别对象的“姓名+再见”，也可以是“亲属称谓+再见！”等。

（二）“送别式”告别语

“送别式”的告别语主要用于客户到公司拜访后，临走时向客户说的语言，可以分为“叮咛式”送别语言、“邀请式”送别语言、“祝愿式”送别语言三类。

常见的“叮咛式”送别语有“路上小心！”“注意安全！”。这种告别语方式主要体现了对告别对象的关心。而“邀请式”和“祝愿式”告别语则具有广泛的使用范围，具体来说，“邀请式”告别语可以在邀请对方和期待再次见面的情境下使用。“祝愿式”告别语则用于送出美好祝愿的情境下，像“祝你一路顺风、祝你身体健康”等都是如此。

（三）“辞别式”告别语

与“送别式”告别语相似，“辞别式”告别语是客人向主人告别时所使用的语言，基本类型有三种：直陈式、理由声明式和评价式。

第二节　职场中的介绍与名片

一、职场中的介绍

介绍有两种情况：一种是自我介绍；另一种是介绍他人。

（一）职场中的自我介绍

以下四个要素是进行自我介绍时必须要有的：首先是先将自己的名片递出，这样就不必口头介绍自己的职务和头衔了；其次是要把握好自我介绍的时间，通常以半分钟时间为佳；再次是要将自身的情况进行全面地说明，包括但不限于职务、单位、部门和姓名等；最后是若是在介绍时遇到的单位和头衔名称较长，第一次提及的时候注意要用到全称，第二次提及的才能采用简称来介绍。

生意场合下有必要进行自我介绍，这样才能更好地展开交际活动。不管是初次见面还是已经见过面相互认识了的情况下，为了防止冷场，人们都需要寻找各种话题来促进交际活动的顺利进行，这也是为了更好地了解对方。所以应该选择客气、得体的问候语，而且要注意谈话的内容要尽量避开个人隐私和敏感话题，这样才能避免交际中出现让双方尴尬的情况。当然交际也要有意识地将话题往工作上引，并要为下次见面打好基础。

（二）职场中的介绍他人

介绍他人是指将第三者介绍给不认识的人。他人介绍具有双向性，是要将两方都进行相互介绍。

第一，介绍他人的时机。介绍他人适用于以下情况：一是和家人外出时遇到自己的同事或者朋友；二是在接待中有双方不认识的对象存在时；三是有双方不相识的朋友到家访问时；四是介绍某个人加入一个新的交际圈时；五是被其他人邀请来进行他人介绍；六是在和上司、长者同行时遇到其不认识的朋友且该朋友认出自己并打了招呼时。

第二，介绍他人的顺序。“尊者优先”是进行他人介绍时需要遵循的原则之一。即先将年轻的向年长者进行介绍，将职务低的介绍给职务高的；若是年龄和职务都没有较大差异，应该先将男士介绍给女士；将家人先介绍给朋友和同事；将后来者先介绍给先来者。国际交往中介绍人一般有以下三种类型；专业对口人员、公关礼仪人员、在场职务最高者。

第三，介绍他人时应注意的事项：一是当进行他人介绍时，应该确保双方都是持同意态度的，避免让被介绍的双方来不及做准备而出现尴尬的状况；二是当被问及是否可以介绍时，被询问者应该持可以的态度；三是被介绍的双方要起立，然后微笑点头或者握手以表礼貌；四是若是在会议和谈判的情况下，被介绍的双方也可以不用起立，微笑点头致意即可，如果被介绍的两方距离较远，则可以举起右手来打招呼；五是完成介绍之后，被介绍的双方要握手问候。

二、职场中的名片

在商务交际中一个重要工具就是名片，名片代表的是一个公司或者个人的形象，这对于推销自己来说是有着非常重要的作用的。名片顾名思义就是介绍自己的书面材料。精美的名片能够给人留下深刻的印象，所以需要做到印刷清晰。并且从商务的层面来说，内容要保持真实性。名片就好比一个人的履历表，人们可以通过名片来认识自己、知道自己的姓名、住所以及联络方式等。

第一，名片递出的注意事项。辈分较低者，率先以双手或右手递出个人名片；名片字体的正面对着接收方；用接收方能看懂的文字一面冲上（对方是中国人，中文一面朝上；对方使用英语，英文那面冲上；对方两面都看不懂，就中文冲上）；到别处拜访时，经上司介绍后，再递出名片，上司在时不要先递交名片，要等上司递上名片后才能递上自己的名片；递名片时，应该双手或右手捏住名片的一个或两个角，不要用食指和中指夹着名片给人，这是对他人也是对自己不尊重的行为；接受他人名片时，应该恭敬地说声谢谢，如果可能的话要从头到尾认真默读一遍对方名片上的内容，不明之处可以当即向对方请教，读时还可以有意识地读出声音来，再重复一下对方名片上所列的职务或单位以示仰慕。

如果对方一时疏忽，忘记了给名片，这时应该问：How can I contact you? 或者How can I get in touch with you?（我怎样和你联系呢）这类话可以婉转地予以提醒对方。如果自己暂时没有名片进行交换时，也不宜说：Ours is a small company and we have’t got a card to give you（我们是个小公司，没有名片给你），这样说既有损公司形象，同时也贬低自己，不可取。合乎商务礼仪惯例的说法有：Sorry，if inished my cards yesterday，I’ll send you my card with the catalogue soon（对不起，名片昨天就用完了，我会尽快把名片和目录一起寄给你的）。

第二，名片交换的顺序。通常要遵循先客人后主人、从职务低到职务高的顺序。若是对方已经拿出名片，则应大方收下，然后再递自己的名片即可。如果是展览会或交易会等场合，则很多都是由对方先递名片的。

第三，接收名片。若是坐着情况下收到对方递过来的名片，则应该起立来接，并对名片上的姓名和职务予以确认，当和对方同时递出名片的情况下，则应该先接对方的名片，再递出自己的名片。而且接过名片后应妥善保管，不能直接放在桌上，这是对人的不尊重行为。

第四，名片的保存。应该对接收到的名片进行妥善保管，切忌随意地放入钱包或者口袋里面，而应该准备专门的名片盒和名片夹进行保存。并且不能将名片夹放在臀部的口袋。名片是一个人身份的象征，所以对其的尊重也是尊重主人的一种表现。

第五，保存名片时的注意事项：一是要保持名片夹中的名片排放整齐，不能有所毁损，已经破损的名片要尽早处理；二是要将名片夹放在西装内袋，避免放在臀部后面的口袋里；三是不能在名片上书写和玩弄名片；四是若非对方要求，一般不能主动将名片递给年长的主管；五是面对陌生人时，不要太过热情地递出名片，这种行为有过于推销自己的嫌疑；六是不要将名片直接递给其他陌生人，这会导致对方的反感，从而受到轻视。

第三节　职场中的客户交际关系

随着通信领域近年来的迅猛发展，短信、微信、电子邮件等都成为普遍的联系方式，不过打电话仍然是西方国家最常用的联系方式。通常对不同性质的关系或者亲疏程度不一样的人，人们会采取不同的联系方式，而最有效的联系方式应是同时采用一个以上的联系方式。此处以商业伙伴为例，公司的客户服务人员一般会以邮件的形式与客户保持商业联系，之后在邮件发出的次日致电该客户，询问邮件是否送达并就邮件内容进行讨论，这是因为人们经常会遗漏邮件，或者过目就忘。因此，打个电话跟进，以确保其不会错过邮件。下面以打电话与发邮件为例，阐述职场中的客户交际。

第一，以美国为例，在美国，给新认识的人打电话时，先要说清楚自己的姓名，以及自己跟对方是怎么认识的，要想跟对方建立关系，不应该开门见山，直接切入生意或事业方面的问题，但是也不能说太多其他话题，这等于浪费对方的时间，最好是提到上次联系时讨论的一些事情，一则可以拉近关系，二则可以打破沉默，为下面的话题做铺垫。挂电话之前应该和对方确定下次联系的时间，再很自然地和对方道别挂电话。如果对方接不到电话，最合适的做法就是给他留言。留言不需要说太多，而且留言的目的不是把所有的事情都说完，而是让对方回个电话。因此，给客户留言的主要内容有：自己的姓名、自己和对方的关系、打电话的主要原因、自己的联系方式，对方回电话的时候就可以把问题说得深入一点。

第二，发邮件。发邮件或给人留言都不用陈述具体事宜，等跟对方见面的时候或者通电话的时候再把问题说得更全面一点。发邮件时要概括问题的主要因素，也要留自己的联系方式。尽管电子邮件是一个很普遍的联系方式，但是除非双方非常熟悉，否则邮件写得越正式越好。

综上所述，发邮件或打电话时，可以先寒暄几句，再和客户提到见面的邀请，这样就把关系拉近了。

【思考与练习】

1. 问候语的功能体现在哪几个方面？

2. 递出名片时需要注意哪些事项？

3. 如果需要和客户进行联系，你会怎样做？

【参考答案】

参考答案1：问候语的功能体现在：①交际功能，即通过问候来建立交际活动中的社会关系；②打开话题，即通过问候，为后期的交际活动奠定基础。

参考答案2：辈分较低者，率先以双手或右手递出个人名片；名片字体的正面对着接收方；用接收方能看懂的文字一面冲上（对方是中国人，中文一面朝上；对方使用英语，英文那面冲上；对方两面都看不懂，就中文冲上）；到别处拜访时，经上司介绍后，再递出名片，上司在时不要先递交名片，要等上司递上名片后才能递上自己的名片；递名片时，应该双手或右手捏住名片的一个或两个角，不要用食指和中指夹着名片给人，这是对他人也是对自己不尊重的行为；接收他人名片时，应该恭敬地说声谢谢，如果可能的话要从头到尾认真默读一遍对方名片上的内容，不明之处可以当即向对方请教，读时还可以有意识地读出声音来，再重复一下对方名片上所列的职务或单位以示仰慕。

参考答案3：会以邮件的形式与客户保持商业联系，之后在邮件发出的次日致电该客户，询问邮件是否送达并就邮件内容进行讨论。为了确保邮件不会错过，会打电话进行跟进。

第五章　跨文化交际翻译的技巧

第一节　跨文化交际中的翻译等值

不同的民族，文化形式也不同，而不同地域的时代文化也各异，伟大的人类创造了文化这一最具价值又难能可贵的财富。翻译的过程少不了文化这一背景，二者之间紧密相连。随着文化的国际化和全球化进程，翻译担负着重任。跨文化交流的翻译等值可以从可译性和文化等值两方面去分析。

一、跨文化交际中翻译的可译性

如今跨文化交流活动越来越多，这也是全球化的结果。交流的具体板块和深度也日益丰富，英汉两种语言在交流中彼此影响并相互渗透，这无疑拓宽了两种语言之间的交流空间，也增加了语言的可译性。

可译性是针对原文而言的，要想顺利进行翻译，原语与目的语之间要有一定的可译性。可译性不是把一种语言翻译成另外一种不同的语言，而是要把阐述的思想和精神面貌换一种语言表达出来。许多人都在可译性上提出过自己的观点，最先让可译性成功吸引大众眼球的是德国的哲学及语言学家威廉·冯·洪堡。人与人之间本质是相同的，即使来自不同国家有着不同信仰的人，也可以在语言表达的思想和情感方面融会贯通。语言无国界，本质上是统一的。语言的普遍性和个性化方面被人们使用得如此娴熟，可以说全世界只有一种语言，也可以说每个人都有自己的特殊语言。虽然说语言可以统一，但是每个人看待同一事物再去表达自己的观念时又各有特点，这就体现了语言的特殊性。可译性的前提是语言的统一性，但又被其特殊性设定了范围，受到了某种限制。

虽然使用不同语言的人有不同的认知特点，但是由于认知依据是相似的，在头脑中所形成的概念系统框架也基本相同，这个概念系统框架在语言学上被称为“语义结构”，其包含三层关系：①认知关系——观念相对于事物的关系；②表达关系——语言相对于观念的关系；③语义关系——语言相对于外在事物的关系。

同样是作为一种标记符号的观念和语言，表达的意思并不一样，观念表达出自内心，是对客观世界的一种记录符号；而语言是记录观念的一种符号。语言也好，观念也罢，始终在人类认识世界和构建人类知识的过程中充当中介的角色，即使语言不同，但在丰富自己的认知和学习各类知识时仍有着相同的交流需要。所以，作为外在表现形式的语言成了可译性的前提。由此可见，可译性的前提表现为以下两个方面:

（一）共同的生理和心理语言基础

全人类的语言包括方言在内，都有着相同的生理和心理基础，它们之间有着相同点。

1. 共同的生理基础

各个民族、各种肤色的人之间虽然有很大的差异，但与语言息息相关的身体器官却有着相同的构造，根据器官功能的不同又分为:

（1）发音器官，包括唇、舌、牙齿、齿龈、硬腭、软腭、声带等。这些器官通过调整位置和控制气流来发出各种语音。

（2）听觉器官，包括耳鼓膜、听小骨、前庭窗、耳蜗管、基底膜、毛细胞、听觉神经等。这些器官负责接收、处理、传输语音声波并将信号送到大脑语言中枢的专门区域。

（3）大脑皮层语言区，包括布罗卡氏区、韦尼克区和视觉区。布罗卡氏区支配发音和说话，韦尼克区支配语言记忆和理解，视觉区负责把视觉和韦尼克区联系起来，从而影响书面语的阅读与理解过程。

2. 共同的心理语言基础

虽然不同语系的语言符号与其所指对象之间的联系是随意的，但是人类共同的生理和心理作用使得语言具备了相似之处。

（1）由于人类的生理和心理所承受的范围有限，所以不管哪种语言创造出来的词汇、句法结构及语音都不能超出范围。

（2）语言不同的人有着共同的生理局限，语言学习的速度以及记忆力的强弱等都是有局限的，所以要从有潜力的语音、词汇及句法结构中选出有一定数量的语素、音素或者组合以及语法结构等相关的类型来降低难度。

（3）人类具有的相同的生理和心理决定了都具备学习一门或者多门语言的能力。

由此可见，人类生理和心理上的互通使可译性具备了一定的物质基础。

（二）相互融合的文化

语言与文化的关系是相互依存、相互影响的。首先，文化传播需要经过语言，以语言作为载体，所以文化在传播的同时也被语言约束着；其次，语言想要注入新鲜血液就需要通过文化的传播来进行，把全新的词语与表达方式贴上文化的标签，进一步促进语言的发展。汉语就从英语中借用了许多词汇，如“秀”（show）、“拷贝”（copy）、“布丁”（pudding）、“热狗”（hotdog）等。英语也从汉语中吸收了大量词汇，如kungfu（功夫）、jiaozi（饺子）、tea（茶）等。此外，在英语新闻中，还能见到许多来自其他国家的词语。

语言是文化融合过程中最活跃的领域，并在此过程中得到了发展和丰富，从而大幅度提高了语言的可译性。

二、跨文化交际中翻译的文化等值

翻译是语言之间的桥梁。然而，语言又是文化的载体，所以翻译也必然是文化之间的桥梁。换言之，翻译不仅仅是语言之间的转化，从深层意义上讲，更是一种跨文化的转换。

英国翻译理论家泰特勒在《论翻译的原则》一书中提出了著名的翻译

“三原则”，其具体内容包括：①译文应该完全转写出原文作品的思想；②译文写作风格和方式应该与原文的风格和方式属于同一性质；③译文应该和原文一样流畅、自然。泰特勒在《论翻译的原则》中主张，原文作品的思想是翻译过程中最重要的内容，而原文的思想内容既包括原文信息也包括文化信息。

翻译者一定要将文化差异与语言机构差异相比较，权衡其中的差异和所引发的一系列问题，在翻译时把文化问题放到首位，这也是奈达在《翻译科学探索》中指出的。

丹尼尔·肖在《跨文化翻译：翻译中的文化因素和其他交际任务》中开宗明义地指出了翻译中的文化问题，一个优秀的译者一定要了解语言的表层和深层次结构。表层结构体现在语言的外在形式上，而深层次结构包含了世界观和价值观这样的内在因素，阐述了表层结构的真正含义。所以翻译者一定要把原语的深层结构用恰当的译入语准确无误地表现出来。

在文化翻译时要取其精华，去其糟粕，一定要把文化的深层次内涵提炼出来。在翻译时不要只做简单的字面功夫，一定要体现出文化信息的等值。只有译者透过现象看本质，理清楚文化之间的区别与内在联系，并灵活地去对待，才能实现等值这一目的，把源语所蕴含的文化信息真实地传递出去。

第二节　语言文字与文化的翻译

一、语言文字的翻译

由于所处的地理环境不同，每个民族的生活习惯和语言习惯都各具特色，文化深受语言的熏陶，而语言又是文化的一种载体，文化在语言的基础上迅速发展着。英语和汉语两种语言因其所处的环境不同，所以也有各自的特点，它们无论是在词汇、句子还是语法及篇幅结构上，都有不同的形式。两种语言互译时是否恰当、得体与这两种语言间的差异性紧密相连。

（一）英汉语言文字的差异

1. 英汉语言词的差异

（1）构词法差异，具体如下：

1）派生构词差异。派生构词就是派生法，是指在词根上加词缀构成新词。英语中词缀又分为前缀和后缀，前缀主要是把词汇的含义做改变，对词性的影响不大，当然也有少数前缀会把词性改变，只不过不多见；后缀则改变了词性，对词汇有一定的影响。

第一，派生法在英语构词法中具有很重要的地位，这是因为英语中的词缀数量很多。英语中的前缀主要可以分为：表否定前缀和表方向态度前缀。英语后缀的数量也有很多，由于后缀是用于改变词性的，因此，后缀是按照其在构成新词时的词性进行分类的，包括：①名词后缀，只用于构成名词；②形容词后缀，只用于构成形容词；③副词后缀，只用于构成副词；④动词后缀，一般加在名词和形容词后构成动词。

第二，汉语也有派生构词现象。在汉语中，后缀要比前缀数量多，与英语相同的地方是后缀都是用于改变词性；不同之处在于，汉语构词大多都是名词，英语后缀则用途广一些。

2）复合法差异，具体如下：

第一，复合法在英语中的词汇生成能力也很强，英语复合法指的是将英语中的两个或者两个以上的词构成一个新词，英语中复合词的词性一般由构成复合词的后一个词来体现：①复合名词都由一个词后面加一个名词来构成；②复合形容词一般也由词汇后面加一个现在分词或者过去分词构成；③英语复合词有时由三个或三个以上的词构成，此时词的顺序按照原来词组的顺序进行排列。

第二，汉语中两个或两个以上的字依据顺序排列组合成新的词汇就是汉语中的复合词。汉语中复合词相比派生法构成的词要多得多。汉语复合词是在一些语言规则和逻辑顺序的基础上构成的，而词汇的逻辑顺序又存在差异，这也是因为中英两国的思维方式和文化存在差异。

（2）词类差异，具体如下：

第一，名词差异。在名词的划分上，英语分为普通名词和专有名词，以及可数和不可数名词等。汉语的划分则是普通、专有和抽象名词等。两者之间还有一个明显的差异就是英语的可数名词有单数和复数之分，且不可数名词的形式不变，汉语则没有这一说法。

第二，动词差异。英汉在动词上的差异多在语法上，英语中的动词语法含义较多，语法的形态也丰富多变。人称、数以及时态等都是英语动词所具有的概念。人称和数在句子中体现的是主谓一致原则，一个句子主语是单数，动词有其对应的单数形式，相反，句子主语为复数时，动词对应其相应的复数形式。动词作为句子的中心，有很多时态，句子中时态不同含义也不同，一个动词也分很多时态。

第三，形容词在使用方法上的差异是英汉语言间的典型，形容词在英语中作为修饰语时可放被修饰语前面，亦可放后面，例子很多，像 a big apple 就是。而汉语形容词作为修饰语，一般都在被修饰词前面。

第四，副词的差异主要是做补语时，副词在英语中的补语是对介词或名词性词组加以补充使句子完整。汉语中的补语只是对形容词或名词的一种说明。

2. 英汉语言句子的差异

（1）形合与意合。形合语言是英语的典型，对重形合的英语语言来说，造句时形式是完整的，注重以形显意，句子各成分间的逻辑关系靠关联词显性连接来表示。这些关联词有介词、关系代词、连接代词及连接副词等，连接的手段和方式也都不同，但一定是严密规范的。

（2）重心差异。句子表达的重点也是英汉语言间存在差异的地方。英语一般都是先重后轻，句子开头突出重要信息，该说的重点内容事先表明态度。

（3）语序差异，具体如下：

第一，定语位置差异。英语中的定语一般放在所修饰词的后面，而汉语中的定语则放在所修饰词的前面，但有时也有部分后置的现象。例如：

英译汉：

英语：It was a conference fruitful of results.（后置）

汉语：那是一个硕果累累的会议。（前置）

汉译英：

汉语：英语是一门容易学但很难精通的语言。（前置）

英语：English is a language easy to learn but difficult to master.（后置）

第二，状语位置差异。英语的状语按用途分为时间状语、地点状语、方位状语、原因状语、让步状语等。英汉语言中状语的位置各不相同。英语中状语位置灵活一些，可放在前也可放在后，汉语中则放到谓语前面。英语按照从小到大顺序或从具体到笼统顺序排列，而汉语恰恰相反。

（4）语态差异。英汉两种语言重要的差异还有被动语态，被动语态在英语中使用率很高，不清楚谁是动作执行者或没必要说出执行者时都会用到。

3. 英汉语言语篇的差异

（1）语篇衔接手段差异，具体如下：

第一，照应。照应指的是一种语法手段，在语篇中使用代词来指称文中提到的对象，这样可以使语篇更具连贯性。英语属于形合语言，因此语篇的连贯性需要借助代词、连词等的使用来实现。而汉语中则经常使用一些指示代词和“的”字结构。英汉语言在照应手段上的差异不是很突出，但是英汉语言在照应的使用频率上具有很大差异。在英语照应中，人称代词的使用较多，而汉语中则较少使用人称代词。

第二，省略。省略是英汉语篇中重要的衔接手段，它可以使上下文之间的联系更加紧密，还能有效避免重复。而两者之间的主要差异在于省略使用的多少和其省略部分的不同，在汉语中省略的成分往往是句子的主语，而英语则需保留句子中出现的主语。

第三，替代。替代指的是利用替代形式指代句子上下文出现的词语。替代是避免重复的另一种手段，语篇中经常使用替代来使文章衔接更紧密。英语中替代的使用要多于汉语，且替代形式远远多于汉语。

（2）段落结构差异。中西方不同的思维模式也会对其语篇结构模式产生影响。英美人重逻辑推理，因此其思维呈直线形发展。而中国人重感性，较为谦逊，所以其思维模式呈螺旋形发展。

英语段落一般会按照一个直线发展，即先陈述段落的中心思想，而后的句子都要按照一定的逻辑性顺序自然铺排。汉语的段落结构与英语有很大的不同，汉语语篇段落的主题会在叙述中被不断深化。

（3）语篇模式差异。常见的英语语篇展开模式主要如下：

第一，概括—具体模式，又称作“一般—特殊模式”“预览—细节模式”或“综合—例证模式”，该模式的语篇展开顺序是：概括陈述—具体陈述1—具体陈述2—具体陈述3，以此类推。

第二，问题—解决模式，该模式的语篇描述顺序为：说明情况—出现问题—做出反应—解决问题—做出评价。

第三，主张—反主张模式，该模式的语篇描述顺序为：提出主张或观点—进行澄清—说明主张或观点/提出反对主张或真实情况。

第四，匹配比较模式，这种模式多用于比较两种事物的异同。

第五，叙事模式，该模式就是用来叙述事件经过的模式，这种语篇模式常见于人物传记、虚拟故事、历史故事和新闻报道中。在描述事件的发生、发展过程中必然会涉及一些人、事、场合、环境等，我们将这些方面称作“5W”，即何时（When）、何地（Where）、何事（What）、何人（Who）以及为何（Why）。该语篇模式常采用第一人称或第二人称，与英语语篇模式相比，汉语的语篇展开模式更加多样化，但是，英汉语篇模式具有明显差异。汉语语篇的焦点和重心的位置不固定，具有流动性，有时甚至一个语篇中根本没有焦点。

（二）英汉语言文字的翻译

1. 词汇的翻译

（1）转译法。在翻译时，两种语言语法和表达习惯不同，不能机械地翻译，如果不进行此类转换，则译文会不符合目的语人们的阅读习惯，因此需要进行词类转换。以动词使用来说，汉语用得多，英语相对少一些，在汉译英时就需要将常用动词进行转换，使译文通顺达意。例如，担心——

to be concerned about；害怕——to be afraid；无视——to be ignored of；兴奋——to be excited。

（2）增减译法。英语注重形式，汉语则注重意义表达，所以互译时，要在原文中适当增减必要的词语，以使译文更贴合文化背景和表达习惯。汉译英时保证句子结构完整的关键是适时增补连词。

（3）音译法。在英汉翻译中，有些词，特别是一些名词，在翻译时为了保留词汇原来的含义和意境需要对其进行音译。例如，panama——巴拿马帽；sofa——沙发；coffee——咖啡；shampoo——香波。

2. 句子的翻译

（1）从句的翻译，具体如下：

第一，名词性从句的翻译。四种名词性从句分别是主语、宾语、表语和同位语从句，同位语从句比较特殊，先译主语再译从句。英汉语言之间的语序无差别。

第二，定语从句的翻译。定语从句是英汉语言间差异表现较突出的，英语的定语从句位置一般靠右，既在修饰语后面。汉语则相反，也就是说汉语定语从句做修饰语时位置一般靠左。汉语中的“的”字结构就是英译汉时定语从句的代表。

第三，状语从句的翻译。英语的语意重心在句首，状语从句英译汉时需要前置，时间、原因等位于句尾。

（2）长难句的翻译。英语中长句子居多且成分复杂，环环相扣，一个句子自成一个段落，使翻译的难度也增加了，所以，在翻译时可将长句子隔开，用分译法划分成小句子，逐句编排后进行逻辑细分，按照汉语的表述方式进行。

在翻译长句子时，有时在句子中插入标点，让句子富有连贯性，如表示解释说明的破折号和表示注释的括号以及用来提示下文的冒号等。

3. 语篇的翻译

对语篇翻译的要求是建立在词汇和句子翻译的基础上，要求语篇的连贯性、段与段之间的连贯及段内的连贯，还有整个篇章的使用场合要合理。现对语篇的等值翻译逐一进行分析。

（1）段内连贯。段内相关内容之间的联系是否密切，这是在翻译时注重段内连贯要注意的点。人们常使用省略号或者找些替代及连接词来达到连贯性的目的。在汉语中，有关重复的使用比英语多，英语多使用替代，所以汉译英时重复的内容多使用替代进行翻译。

（2）段际连贯。段际连贯是实现语篇连贯的关键，体现为段落之间不仅存在形式逻辑的衔接、话题的统一与层级性、主题的一致性，还存在语义上的连贯性。它是篇章翻译的重点。段际连贯也有重复和替代等，只是发生在段落之间。

（3）篇章语域。不同篇章的目的和作用不同，篇章的使用范围和发挥的作用体现在篇章语域上。篇章体裁不同，翻译时就需要注意表达出不同之处，文学篇章要把富有的艺术成分和美学感受通过译文将其深层次的含义体现出来；科技类的文章要从专业和精确的角度去翻译；广告类语言目的是广而告之，引起消费者的注意，达到宣传产品的效果，所以翻译时语言要具备足够的说服力。要做好翻译不能只考虑所谓的技巧和生搬硬套，一定要结合实际场合和需要选择恰当的方法。

二、文化的翻译

（一）英汉修辞的翻译

在文化中，修辞是相当重要的一部分，要对英汉文化进行研究，英汉之间修辞的差异是无法绕过的内容。从修辞格来看，英语和汉语之间还是有不少共同点的，但是因为整体的历史、社会、文化背景有所差异，所以也表现出一定的不同，这些不同点给翻译带来了一定的困难。接下来，我们重点对比喻和夸张这两种修辞格进行介绍，以此来对英语和汉语在修辞上的不同以及如何等值翻译进行研究。

1. 比喻修辞的翻译

（1）英语中的比喻。所谓比喻，就是在描述事物的时候，用和它有相似特点的事物来表达，而不是直白地进行叙述。比喻这种修辞格在英语中的应用非常常见且广泛。比喻非常有诗意，是对语言的一种提炼升华，不管是在文学作品还是在日常口语的使用中，都是非常普遍的。运用比喻手法进行写作或口语表达，可以使语言更生动形象，同时也更具体、精练、通俗易懂，此外，还会给人留下深刻的印象，极具鲜明特性。一般来说，英语中最常用明喻和暗喻。

第一，明喻。英语“simile”一词源于拉丁语“similis”，相当于英语中的介词“like”。在英语中，和汉语所说的“明喻”能基本对应上的单词是“simile”，我们一般会将其翻译为“直喻”或者是“明喻”。它是对比了两个不同事物的相似之处，在对深奥、生疏的事物进行描述的时候，改用更加具体、浅显的事物来表达，这样能够更好地表达自己的意思，也更加生动、形象。从结构上来看，明喻的基本构成要素主要有三个，分别为本体、喻体、喻词。被比喻的对象就是本体，而用来进行比喻的对象就是喻体，在本体和喻体之间进行介绍连接的就是比喻词。

明喻的基本表达方式是“甲像乙”。在英语中，常用的比喻词有like、as、seem、as...as、like...to、as...so、similar to、to bear a resemblance to等。此外，英语明喻的结构中除了上述最常用的比喻词外，还有其他的表达方式，如用“no...more...than”以及“not any more than”做喻词；“with”介词短语结构；“A is to B what C is to D”结构等。

第二，暗喻。英语“metaphor”一词来自希腊语“metaphor”，意为“a transfer of a meaning”。英语中的“metaphor”与汉语修辞格中的“隐喻”或“暗喻”基本对应，它不用比喻词，而是直接把喻体当作本体来描述，其比喻的关系隐含在全句中。所以，从某种程度上而言，暗喻的修辞效果较明喻更加有力、突出。

从结构上，我们也可以对暗喻的结构进行划分，主要有三种：①喻体直陈，这种结构中本体也被认为是喻体，它们其实是一件事，在语言表达的逻辑强化方面，这种方式效果明显；②喻体半陷，这种结构中，喻体是半隐半现的，通常作为喻体词的动词都是从名词转化过来的，在描写状态、动作时使用了动词，就表明这个名词是可以作为喻体的，而这种结构中的喻体就是这个动词的名词形式；③喻体全隐，这种结构从表面上看并没有喻体，但实际上，喻体被隐藏在句子中，是一些非常适合用作喻体的词语，相较来说，这种结构更复杂，与之对应的，也具有更丰富的内涵。

（2）汉语中的比喻。在汉语中，我们也将比喻叫作“譬喻”，更通俗的说，就是“打比方”，简单来说，就是借助心理联想，对不同事物之间的相似特点进行抓取和加以利用，在对事物A进行表现时借助事物B来描述。在描写人物、事物、景物以及进行说理论事时，都可以用到比喻这种手法。在汉语的表达中，我们也可以对比喻进行划分，主要分为明喻、暗喻、借喻三种，其划分的主要依据是本体事物和比喻事物之间的关系。

第一，明喻。明喻又称“直喻”和“显比”，是指比喻的事物与被比喻的事物同时出现，表明比喻与被比喻之间相类似的关系，它具有爽朗、明快的特征，可以使所描述的事物形象化、具体化、浅显化、通俗化。明喻的本体与喻体之间常用“像”“似”“若”“比”“样”“同”“如”“如同”“似的”“一样”“宛若”“仿佛”“像……一样”等词语作为比喻词。明喻的基本形式是“甲（本体）像（喻词）乙（喻体）”。

第二，暗喻。暗喻又称“隐喻”，是比喻的一种。与明喻相比，暗喻的本体与喻体之间的关系更密切。暗喻可分为两种情况，即带喻词和不带喻词。

第三，借喻。所谓借喻，就是在进行比喻时，直接用喻体代表本体，本体不出现的一种比喻形式。在比喻的所有形式中，借喻是使用频率最高的一种，使用借喻时，我们可以对一些直白的文字进行省略，整个语言结构会更加紧凑，语言表达会更加简洁凝练。从表现对象来看，借喻所能表现的内容也是十分丰富的，除了人、事、物以外，情、理、意也可以通过借喻进行表达。一般来说，使用借喻最多的场合是诗词、抒情散文，除此之外，我们日常使用的通俗口语中，用借喻也比较多。

（3）英汉比喻修辞比较，具体如下：

首先，相同之处。关于比喻修辞，在英语和汉语中主要的相同之处有两个：①在对事物进行比喻，进行形象描述时，都是用另一种具体的事物来替代，并且能够对该形象的品质进行展示和表达，即用事物来比喻事物；②在对事理进行比喻时，都是用一件事情的道理来对另一件事情的道理进行比喻，即用事理来比喻事理。不管是在英语中还是在汉语中，这种修辞的方式通常都是被用作论证。

其次，不同之处。英语和汉语关于比喻的用法也是有差异的，主要包括：从结构和分类来说，相比于英语中的简单结构，汉语中关于比喻的结构更加复杂，同时也划分得更加细致；关于隐喻，英语比喻中，隐喻覆盖的范围要比汉语广得多，汉语的隐喻、拟物、借喻，对应到英语中都属于隐喻。

在英语中，和汉语中的隐喻意义相似的是“metaphor”。从格式上来看，英语的隐喻和汉语的隐喻基本一致，都是同时出现本体和喻体，这一点二者是一样的。除了隐喻之外，英语的“metaphor”还有汉语中的借喻的意思，这种用法中，本体没有被明确表达出来，喻体也是具有象征意义的。再有，英语中的“metaphor”与汉语拟物相似。在汉语中，比拟可分为两种，即拟人与拟物。其中，拟人与英语中的“personification”对应，而拟物是英语中的“metaphor”的变体形式之一。

（4）英汉比喻修辞的等值翻译，具体如下：

第一，明喻的翻译方法：①直译法。在符合译入语表达习惯的前提下，明喻大都可采用直译法进行翻译，利用译入语中相应的比喻词来翻译原文中的比喻词，以最大限度地保留原文的特点。②意译法。因英汉语言在诸多方面存在差异，故有些明喻也不能采用直译法进行翻译，这时需要采用意译法，或者采用直译+意译注释的方法。

第二，暗喻的翻译方法：①直译法。通常情况下，暗喻也可以采用直译法来翻译。②意译法。暗喻也不能一味地采用直译法，有时也要根据实际情况采用意译法进行翻译，以使译文更符合译入语的表达习惯。

2. 夸张修辞的翻译

（1）英语中的夸张。夸张（hyperbole）是一种修辞格，这种夸大是有意识的，且其中并没有蕴藏什么真正意义上的劝说，其具有一定的幽默性，可以对某一种效果进行强调。“hyperbole”也是一种修辞的方式，通过对言辞进行夸大，来使语言呈现出更强的表现力，对想表达的思想或者情感进行强调，但需要注意的是，尽管我们使用了夸大的修辞，但它仍然是真的，而非欺骗手段。使用hyperbole这种修辞手法，可以将作者在看待某项事物时的态度鲜明地表现出来，同时也能够让读者的印象更深刻，能够更好地对事物的本质以及具备的特征进行提示和表现，使大家感受到作者强烈的思想感情。

（2）汉语中的夸张。《辞海》中关于夸张是这样进行定义和解释的：“修辞学上的修辞格之一。运用丰富的想象，夸大事物的特征，把话说得张皇铺饰，以增强表达效果。”在汉语中，夸张这一修辞格的应用是非常广泛和常见的，除了文学作品之外，我们在日常生活中对事物本质进行突出时，也经常会使用夸张。此外，使用夸张这一修辞格时，其渲染力也会增强，我们也能够借此更加明确地了解到作者对人或事物的强烈情感态度，引发读者共鸣，让读者印象更加深刻。比如，柳宗元在《江雪》中的描写“千山鸟飞绝，万径人踪灭”，老舍在《骆驼祥子》中写“太阳刚一出来，地上已经像下了火”，这都是对夸张这一修辞格的运用。

（3）英汉夸张修辞比较，具体如下：

第一，相同点。不管是在英语中，还是在汉语中，在使用夸张这一修辞格时都有许多共同之处，包括：①都有些言过其实，这主要是在对事物本质进行表现时常用的手法；②从本质上来看，对于质量准则都是严格进行遵循了的，这些夸张首先是符合事实的，都是真的，不存在欺骗。

第二，不同点。在英语和汉语中关于夸张的使用，不同点也不少。比如扩大夸张和缩小夸张，虽然同时存在于英语和汉语中，但相比之下，汉语使用缩小夸张会更多一些。此外，汉语还独有一种超前夸张的手法，这点英语中是没有的。另外，汉语在进行夸张时，一般是借助选词用字，而英语则主要使用一些构词法。

（4）英汉夸张修辞的等值翻译，具体如下：

第一，直译法。英汉两种语言中夸张使用十分普遍，也存在一些相似之处，因此为了更好地保持原文的艺术特点，可采用直译法进行翻译。例如：

英语：We must work to live，and they give us such mean wages that we die.

汉语：我们不得不做工来养活自己，可是他们只给我们那么少的工钱，我们简直活不下去了。

第二，意译法。由于英汉夸张的表现手法和表达习惯有着很大的差异，因此不能机械地照搬原文，有时需要采用意译法对原文进行适当地处理，以使译文通顺易懂，符合译入语的表达习惯。

（二）英汉典故的翻译

《语言与文化：英汉语言文化对比》（刘润清、邓炎昌合著）一书中关于典故有这样一段论述："几乎所有的人在说话和写作时都引用历史、传说、文学中的人物或事件。这些人物或事件就是典故。"而关于典故的定义，《汉英双语·现代汉英词典》中则是这样定义的："诗文中引用的古代故事和有历史出处的词语。"总的来说，典故的范畴可包括书面语及口头语中所引用的有历史出处的词语以及历史事件、历史人物和古代故事。通常来说，典故的内容都相当丰富，而且有着极强的民族特点，其作为一种语言形式的形成，离不开人们对这个世界的认知，当然，也离不开一定时期的特殊历史文化语境。人们生活在不同的文化背景下，从典故中，我们可以对其价值取向、思想观念、思维方式以及道德意识等进行一定的窥探。

1. 英汉典故的比较

（1）英汉典故结构比较。英语中的典故结构一般较为灵活，字数可长可短，长的可以由几个单词或更多单词组成句子，如"One boy is a boy，two boys half a boy；three boys no boy."（一个和尚挑水喝，两个和尚抬水喝，三个和尚没水喝）；短的只有一个单词，如"Watergate"（水门事件）。

在汉语的表达中，典故的结构通常比较紧凑，用词往往比较简练，这是其语言形式所具备的典型特点，大多是词组性的短语，也有一小部分是短句，不过短句通常具有对偶性。如果典故随着时间的推移而逐渐演变成成语的话，就一般都是四个字的了，单独一句的或者是字数较多的那种就比较少见了。除此之外，在汉语中的典故词组，绝大多数都是名词性的，在语句中，这些典故一般都可以作为句子成分之一。

（2）英汉典故来源比较，具体如下：

第一，来自文学作品。英语中，有相当一部分典故出自一些著名作家的作品，如莎士比亚、狄更斯等。例如，“Romeo”（罗密欧）是莎士比亚戏剧《罗密欧与朱丽叶》中的男主人公，用来指英俊、多情、潇洒的青年。“Cleopatra”（克里奥佩特拉）是莎士比亚戏剧《安东尼和克里奥佩特拉》中的人物，用来指绝代佳人。再如，英语中Odyssey（《奥德赛》）与Iliad（《伊利亚特》）合称为希腊的两大史诗，相传为荷马所作，该诗描述了希腊神话英雄“Odysseus”（奥德修斯）在特洛伊战争中以“特洛伊木马”攻破特洛伊城后，在海上漂流10年，经历了种种艰险，终于回到了自己的国家，夫妻团圆。后来，用“Odyssey”一词喻指“磨难重重的旅程”或“艰难的历程”。

汉语中也有很多典故是出自文学作品中的事件或人物，如“罄竹难书”出自《吕氏春秋·明理》，“锦囊妙计”“三顾茅庐”“过五关斩六将”等出自《三国演义》，“像刘姥姥进了大观园”出自《红楼梦》，“猪八戒倒打一耙”出自《西游记》等。

第二，来自历史故事。英汉两种语言中具有大量的基于历史事件的典故。

英语中，“one's hair stands on end”这一成语被很多人认为是汉语中“怒发冲冠”的意思，这是不正确的，该成语最初是用以描述一个人的表情，名叫普·罗伯特（Robert）的人由于恐惧而毛发竖立。因此，“make one's hair stand on end”与汉语中的“令人毛骨悚然”意思相同。

在汉语中，也有不少典故是源于历史故事，比较典型的像“刻舟求剑”等。还有一些典故是高度概括了历史事件，如“负荆请罪”“口蜜腹剑”等，另外有一些典故则是将人们关于历史的评价和看法表达了出来，像“殷鉴不远”“助纣为虐”等，这类典故通常在社会认识方面还具有一定的价值。

第三，来自神话传说。英语中存在很多源于神话故事的典故。例如，

“Achilles'heel”（阿喀琉斯之踵）出自古希腊神话，用来比喻“一个人或一个国家存在的致命弱点”。再如，“the fire of Prometheus”（普罗米修斯之火）出自希腊神话，现借喻赋予生命活力所不可缺少的条件，还可以用来赞颂为崇高理想而燃起的心灵之火。

中华民族具有十分悠久的历史，同样的，神话传说也可以说是源远流长。“点石成金”一词就是源于中国古代的神仙故事，在《列仙传》中有记载，许逊有点石成金的能力，后来，在汉语中就经常用“点石成金”来形容一篇本来不太好的诗文被修改后变得很好。类似的还有“夸父追日”“愚公移山”等汉语典故。

第四，从风俗习惯中来。人类在长期社会生活后会自然形成一定的礼节、风尚，这就是我们所说的风俗习惯，对于社会文化来说，这是其中十分重要的一部分，语言也因为风俗习惯的发展变化而不断得到发展和丰富，同样的，典故也会从中衍生出来。

在英国文化中，人们习惯于用“打”来做计算单位，因此便有了“six of one and half a dozen of the other”，与汉语中“半斤八两”的意思相同。汉语中，“各人自扫门前雪，休管他人瓦上霜”这一典故与中国人民的生活习惯有关：在冬天下雪的时候，各家各户为了行走方便，各自清扫自己庭院中或门前的积雪，现在用该典故指只考虑自己的利益而不顾他人或集体利益的行为。

2. 英汉典故的翻译

在对英语和汉语的典故进行翻译的时候，文化是必须要考虑到的一个重要影响因素，我们首先应当对典故的历史文化背景进行明晰，不仅要对其中蕴含的丰富文化信息进行理解，还要关注英语和汉语文化上的不同，在对翻译方法进行选择时，可以灵活一些，力求将源语典故中蕴含的相关文化信息充分、完整地表达出来。

（1）直译法。对于典故的翻译，采用直译法可以保留原有的形象特征，有利于体现源语典故的民族特色。

（2）意译法。由于英汉文化的差异，有些典故在翻译时无法保留原语的字面意义和形象意义，不便采用直译法，这时需要意译法。用意译法翻译，可以将典故的文化内涵传递出来。例如，Smith often Uncle Tommed his boss（史密斯常对老板阿谀奉承），原文中的“Uncle Tom”（汤姆叔叔）是斯托夫人的小说《汤姆叔叔的小屋》中的主人公，后来，“Uncle Tom”转化为动词，有“逆来顺受”“阿谀奉承”之意。因此，这里需要采用意译法进行翻译。

（3）套译法。有一部分典故，在英语和汉语中都可以找到对应的俗语、成语或典故，英语典故和汉语典故的风格、形象、意义都相差不大。对于这样的典故，我们在翻译时，可以使用套译法，这样不同语言的读者在阅读时对源语典故中蕴含的文化信息都能有深刻的理解。但有一点需要特别注意，我们在套用典故时并不是完全自由、无条件的，在翻译时，即使这组英语成语和汉语成语的意思十分相近，我们也需要认真思考，尤其是二者所蕴藏的感情色彩是否一致，其确切含义是否存在一定的差别。

（4）加注法。在对典故进行翻译时，有时在译文中保留了原文的典故形象，但由于英汉之间的文化差异，读者难以理解典故的含义，这时可以采用加注法加以说明，以使读者更好地理解原文的意思。例如，I am as poor as Job，my lord，but not so patient（我是像约伯一样的穷人，大人，可是却没有他那样的好耐性）。

第三节　基于跨文化的翻译能力

翻译能力是翻译研究的一个重要课题，人们对“翻译能力”的认识实际上反映了他们对“翻译”本质的认识。翻译能力涉及语言、文化、策略、译者性情等多种因素。翻译能力研究具有重要的实践指导意义，可以为翻译教学大纲的制定、教学活动的组织开展提供扎实的理论及实证基础，并且对翻译测试的开发与研究有重要启示作用。

国内的翻译教学研究大多属于理论阐述或经验总结，对不同阶段学生翻译能力的表现及特点缺乏实证数据的解释与说明，因此相关教学活动的组织与实施在一定程度上较为随意。“对学习者而言，翻译能力研究可以提供一种元认识，学习者可以结合实证研究的发现，对照自身的学习情况，规划下一步的学习目标，从而提高翻译学习中的自我评价和自我监控能力，有效促进自主学习，进一步提高翻译水平。”①

翻译活动自古有之，翻译质量的高低无疑与译者的翻译能力密切相关，然而学界对翻译能力展开系统、深入的研究却是最近的事情。当前，随着国际学术交流的进一步扩大，翻译能力在国外已经成为一个重要的研究领域，并引起了越来越多的人的关注。可见，翻译能力研究虽然起步较晚，但是发展非常迅猛。

随着研究的进一步展开，翻译能力研究呈现出越来越强的实证倾向。实证方法能够提供客观数据，与研究者的主观经验互为补充，有助于我们深入认识翻译能力的性质、了解翻译能力的表现。近年来，翻译实证研究越来越受到重视。翻译研究中实证方法的引介可以看作翻译学科发展的一个重要标志。用实证方法来研究翻译问题有助于解释翻译中各种制约因素之间的关系，并解释这些因素对翻译过程、译本及其在译入语文化中功能的影响。实证方法所具有的这些优点源于其两个内在特征，即对变量的相对可控性以及研究的高复制率。

翻译研究领域的实证研究主要有两种：翻译过程研究与语料库翻译研究。翻译过程研究主要运用有声思维（TAP），语料库翻译研究主要通过语料库尤其是类比语料库来对比翻译文本与原创文本，进而了解翻译文本的特征。和过程研究相比，其更重视“文本”。

翻译研究的实证转向对翻译能力研究产生了重要影响。早期对翻译能力的探究主要局限于理论思辨，近年来，实证方法得到了越来越广泛的应用。实证研究的贡献主要在于：一方面，可以通过实证方法来说明翻译能力各成分之间的关系，有助于深化人们对翻译的认识，从而为翻译能力的理论模式

① 黄净．跨文化交际与翻译技能 [M]. 天津：天津大学出版社，2019：110.

提供实证数据支持；另一方面，可以对比不同水平译者的翻译过程及翻译成品的差异，找出翻译能力高低的区别性特征，从而有助于人们了解翻译能力的表现及发展规律。

中国要与世界交流，中国文化要走向世界，翻译工作在其中起到了关键作用。可以预见，在今后很长的一段时间内，汉译外工作都将受到广泛的关注。一方面，国家对汉译外出版事业的重视为翻译教学工作者和研究者提供了有力的政策支持和发展平台；另一方面，对汉译外人才的培养又提出了严峻的挑战。

目前，对外传播中的翻译工作还存在诸多问题：首先是高素质、专业化的汉译外人才的严重匮乏和队伍的“断层”；其次是对翻译工作存在认识上的误区，没有认识到翻译工作是一个高度专业化的职业，是一项高度创造性的劳动。

一、基于跨文化翻译的相关能力分析

（一）知识与技能

交际能力包含知识与技能两部分。如果翻译能力是交际能力的一种形式，那么它不仅包括翻译的相关知识，还包括译员运用知识进行翻译的技能。因此，大部分对于“翻译能力”的定义都涉及知识和技能两方面。翻译能力即“译者翻译时所必须具备的知识和技能”。翻译能力习得过程和评估（PACTE）主张，翻译能力即“翻译所需的内在知识系统和技能”，翻译能力包括陈述性知识和程序性知识两部分，陈述性知识实际上指“知识”，程序性知识更多的是指“技能”。

（二）抽象能力与交际能力

“语言能力”作为一种抽象的理想能力，与语言的实际使用无关。反之，“交际能力”认为语言能力必须在语言的实际使用中加以定义，作为交际能力的语言能力不仅包括词汇、句法等语言结构层面的正确使用，而且需要符合社会准则，从而实现具体交际情境中的交际目的。在翻译领域，从最初的纯语言学研究路径发展到后期逐渐重视对翻译过程中社会、文化因素的研究，人们也越来越认识到翻译行为离不开特定的情境，目前，研究者普遍认同翻译能力是交际能力的一种特殊形式的说法。例如，将翻译能力定义为译员所具有的知识和能力，使之能够完成交际活动，这种交际活动不仅符合语法规则，而且能被社会认可。可见，我们所说的“翻译能力”与传统外语教学中的语法—翻译教学有着本质的区别。语法—翻译教学以发展学生的语言能力为目标，翻译的目的并不是完成某一项交际活动，而是帮助学生掌握词语、句法等语言知识，是一种外语教学手段。而现实生活中的翻译活动源于对跨语言信息传递的需求，这就要求译员不能拘泥于语言结构本身的因素，而要充分考虑交际活动的各项要素，如交际意图、交际对象、交际情境等，从而达到交流的目的。

（三）专家能力与一般能力

翻译能力是一种交际能力，但是两者也有区别。交际能力是一个语言社会的人共同拥有的，而翻译能力则并非如此。简单而言，每个人都有交际能力，但并不是每个人都有翻译能力，翻译能力是随着经验的累积而发展出来的。PACTE小组在这一点上主张翻译能力属于交际能力的一种，两者的相异之处在于翻译能力是一种专家知识，是专业译者所具有的能力。当然，这种专业能力并不是译者一开始就具备的。能力是一个相对的、程度性的概念。不同水平的译者，其能力有高低之分，但是并不能说翻译初学者就没有翻译能力，只能说和专业译者相比，能力要低一些，这种能力需要经历一定的发展阶段才最终得以形成，具体如下：

第一，新手阶段，学习者有意识地学习如何进行简单的信息加工，在该阶段掌握的知识是脱离语境的，但是并不能协调各项技能，因此只是掌握了客观知识及行动规则。

第二，熟练新手阶段，学习者开始考虑语境因素，能根据具体情形的需要下意识地整合各项技能。

第三，能力阶段，学习者随着经验的增加，能够全面考虑任务过程中各因素之间的轻重缓急程度，针对具体情形进行整体的分析、规划。

第四，熟练阶段，除了运用理性分析外，学习者的个人经验、感性直觉开始发挥重要作用。

第五，专家水平阶段，感性直觉占主导地位，理性的监控虽然没有消失，但已经转到地下。由此，学习者完成了从有意识做决定阶段向自动化决定阶段的过渡，但这都是由于经验的不断累积才能实现的。

从心理认知角度出发，PACTE总结出翻译能力的发展模型，如图5-1所示。

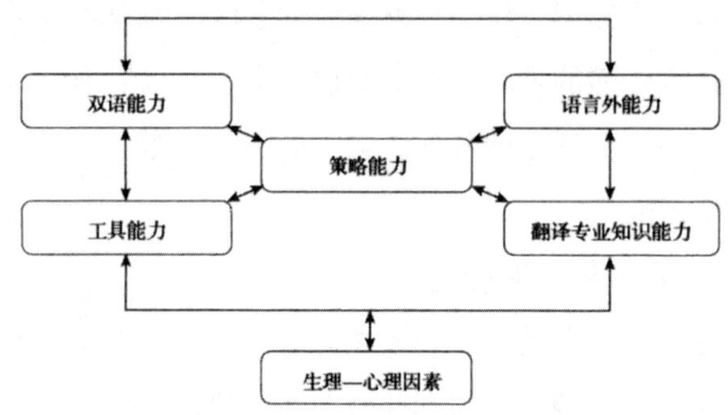

图5-1 PACTE翻译能力模型

根据图5-1所示的模型，在从“前翻译能力”发展到“翻译能力”的过程中，各能力成分不仅各自发展，而且通过译者对学习策略的运用得到有效协调，译者根据具体的翻译任务与交际情境在各项分能力中进行选择、调控、整合，由此推动翻译能力的整体发展。

与上述模式中的心理认知视角相比，翻译能力发展的论述更注重社会因素的作用，并认为应根据不同的服务对象、翻译任务、翻译需要等具体情境来讨论翻译能力的发展。将译者的内部图示变化（心理认知视角）与翻译活动的社会性（社会规范视角）结合起来，提出了翻译能力由自然翻译向建构翻译发展的假说。在自然翻译阶段，个体拥有相似的翻译能力，但是随着翻译经验的累积，译者的图示发生改变、重构，从而建构翻译能力。翻译能力的习得和四个方面的因素有关：①翻译活动进行的交际场合，如是职业翻译还是教学翻译；②翻译过程中有无监督人或监督机构，如是自学翻译还是参加了专业训练；③任务性质，如任务描述、解决方案的提出、讨论等；④客户对任务完成情况的反馈。总而言之，在更注重社会因素作用的模式中，翻译经验的增加促使译员内在图示发生变化，而翻译活动所具有的社会性又使外在因素对翻译能力的发展起作用，两者的结合导致自然翻译向建构翻译发展。

（四）语言能力与翻译能力

对翻译能力的认识固然离不开上述的知识与技能、抽象能力与交际能力、专业能力与一般能力，但更为关键的是厘清它与双语能力的关系。尽管大部分研究者对于翻译能力是一种交际能力、包括知识和技能两部分等观点并无异议，但是在翻译能力与双语能力的关系问题上历来存在分歧。概括而言，这种分歧主要体现在三种不同立场：双语能力包含翻译能力；翻译能力包含双语能力；翻译能力与双语能力无关。

1. 双语能力包含翻译能力

在较早的关于翻译能力的研究中，总结出“自然翻译”的观点，自然翻译认为随着双语能力的发展，翻译能力自然就会发展。翻译能力随着年龄及双语能力的增长经历了三个阶段，即前翻译阶段、自动翻译阶段和通导阶段。这样，翻译能力就成了双语能力的衍生物，双语能力就成为翻译能力的上义词。

随着研究的深入，翻译能力随双语能力自然发展的观点遭到了摒弃，又有了“天生译者”的说法，对自然翻译观点进行了修正，认为翻译能力和双语能力并非同步发展。虽然双语者确实存在一种内在的翻译潜能，但是能否实现这种潜能，这种潜能能否在翻译行为中体现出来，则是另一个层面的事情。

2. 翻译能力包含双语能力

双语者要成为一名译者，不仅需要先天的语言能力，还需要一种“转换能力”，翻译能力是包含语言能力和转换能力在内的集合体，该模式的出发点在于认为翻译能力包含但不限于双语能力，因此根据这一观点，翻译能力在一定程度上是双语能力的上义词。目前大部分研究者采用了该模式，均认可语言能力只是翻译能力的一个组成部分，不过不同的人对于除了语言能力之外翻译能力还包含哪些能力成分的看法有所差异。

翻译能力包括目的语语言知识、语篇类型知识、原语语言知识、主题知识、对比知识以及涵盖语法、社会语言学等方面的解码、编码技能（总称为“交际能力”）。翻译能力模式主要包括语言能力、知识结构、策略能力，其中语言能力又分为组织能力与语用能力，组织能力主要指语法能力与语篇能力。该模式以语言能力模型为基础，方法上主要以逻辑分析与理论构建为主，并没有对此开展实证研究，但作为翻译领域比较早期、相对系统的研究成果，该模型的构建具有十分积极的意义。

近年来，关于翻译能力研究较有影响力的是西班牙的PACTE研究小组，该小组的翻译能力模式包括双语能力、语言外能力、翻译专业知识、工具操作能力、策略能力，这五项能力通过心理—生理机制起作用。在此基础上，出现了另一个类似的翻译能力成分模式，包括双语交际能力、专业领域能力、工具使用及研究能力、翻译流程激活能力、心理生理能力和策略能力。以上模式的特点考虑了现实生活中职业翻译的市场特点，将职业译者使用翻译记忆、翻译辅助软件等工具的能力纳入模式中。

3. 翻译能力与双语能力无关

和传统的四项单语能力“听、说、读、写”显然不同，翻译需要一种语际“超能力”。换言之，可以将翻译能力与语言能力并列起来，使两者成为两个完全不同的概念。

翻译能力和语言能力存在本质差别，两者之间的差异正如“言语”与“语言”之间的区别。还有一种观点即一种完全独立的翻译能力观，即认为这种能力应该是翻译特有的，此观点主张应该致力于确定那些只与翻译有关的因素，这样才能把握翻译能力的本质。

综上所述，翻译能力由包括双语能力在内的多种成分构成，从性质上而言属于交际能力，不仅指译者对语言规则、翻译原则等陈述性知识的掌握，而且指译者根据语言交际的语境充分调动内在知识以完成交际活动的能力。翻译能力是一个连续体，其发展不仅涉及译者内部心理认知因素的改变与整合，而且需要结合社会规范、翻译情境等外部因素对译者翻译能力的影响来进行考量。

二、基于跨文化的翻译能力要求

语言是翻译的基础，译者一般需要了解两种语言，但仅仅具备语言能力仍然不够。

第一，根据翻译能力多成分模式，可以看出翻译能力的一些其他成分与语言能力的关系较小。例如，翻译专业知识是翻译能力的重要组成部分，但是从定义上而言它相对独立于语言能力，而且其获取的主要途径并不是语言学习。学生一般通过翻译课堂中对相关翻译理论的系统学习而发展该能力。例如，德国功能学派关于“译文总是为一定的目的服务”的观点就会影响学生对翻译活动性质的认识，从而影响翻译任务的完成情况。另外一个途径是通过大量的翻译实践。在真实的翻译市场中，译者需要和翻译任务委托方进行交流与沟通，根据翻译需要完成翻译任务，得到反馈并进行修改等，在此过程中译者对翻译行业的认识、对译文服务对象的重视逐渐加深，翻译专业知识由此得到发展。

第二，仅仅靠语言能力的提高还不足以使译者的内在认知模式发生变化，无法使之发展到足以胜任翻译任务的程度。而这一点可能是翻译能力区别于语言能力的关键因素。学过外语的人通常有体会：在学习外语的过程中往往会下意识地将已有的母语语言知识与外语语言知识进行联系，产生一种不自觉的双语对比分析活动。在传统的课堂语言教学中，这种下意识的行为由于教师有意识的引导而得到了进一步加强。换言之，母语对外语起到了提示理解的作用，这样，学习者在接触新的外语词汇或短语的时候，总是会不自觉地将之与母语语言形式进行匹配。因此，就翻译而言，译者的双语对比与转换能力往往在语言学习中就开始逐渐形成，这也解释了为何大多数外语学习者或多或少都具备了一定的从事翻译活动的能力。就汉译英而言，随着英语能力的提高，汉译英能力会随之得到相应的提高。

但是，由双语学习带动的“翻译能力”只是初级的，双语之间建立起来的联系属于“被动匹配”，并不是积极的“语义匹配”，“语义匹配”表现为见到某一个单词就会马上搜索另一种语言的对应词，并且由于两种语言形式之间难以存在完全的对应而造成语言形式相互干扰。此外，这种双语间的转换大多数时候只停留在词汇、词组等较低的层面，很少涉及句子、段落、语篇、语境、文化等更高层面的对比及转换。究其实质，最根本的原因在于语言学习的目的主要是掌握语言知识，母语与目的语之间的对比、联系或匹配只是学生用于掌握语言知识的手段。而翻译能力作为“交际能力”，其主要目的是使译者能够根据特定的交际情境提供恰当的、满足交际目的的翻译服务。

由于缺乏专门的翻译训练，一些外语水平较高的学习者在翻译过程中仍然依靠的是通过语言学习发展起来的初级翻译能力，而这可能已经无法满足翻译任务的要求。翻译人才的思维模式与一般外语人才有着明显的差别，需要专门的职业技能培训。过去往往把外语专业等同于翻译专业，把外语人才误认为翻译人才，忽视了翻译专业人才的专门性和特殊性。懂外语，不等于是合格的翻译人才。因此，只有将翻译作为一种交际活动而非语言训练的手段来看待，并通过大量的翻译实践丰富学生的翻译实战经验，才能真正提高学生的翻译能力。语言能力发展到一定程度，译者对语言之间的语义、句法、语用等方面的细微差别体会将更加深刻，但只有通过专业的翻译训练，积累起来的语感才能够帮助译者的认知模式发生本质的变化。

翻译学习时间以及翻译经验的增加对翻译能力的影响主要体现在两个方面：一方面是“量”的变化，指翻译经验越丰富，译者处理翻译问题的速度就越快，最终形成自动化处理模式，不过这种变化并未涉及深层的翻译处理机制，因此属于“量变”；另一方面是“质”的变化，指译者不仅翻译速度加快，而且认知模式发生了根本改变，对翻译的性质、功能等方面的认识有了更深入的了解。相比之下，“质”的变化对翻译能力的培养更为重要，因此，翻译教学的目标正是提高学生的翻译思维能力。

翻译思维能力的提高，或者翻译认知模式的改变，从宏观上表现为译者对翻译的认识能够从“形式转换”向“信息交流”发展，能够考虑语言之外的因素（如翻译任务委托方的要求、译文目标读者的需求等）对翻译的影响，这些正是翻译能力模式中的核心组成部分。从微观上，译者在翻译过程中其思维机制将不再局限于原语和译语之间的形式匹配，而是产生了一个飞跃，能够参照上下文语境来完成意义的提取与构建。在此过程中，不仅信息的处理层次从词汇、短语层面上升到句法、语段、语境层面，而且信息的加工更为复杂，涉及语言、文化、情感等多种因素，这些因素通过译者的元监控能力得到了整合，并对翻译任务的执行、规划起到了综合指导作用，使译者的翻译思维机制不仅能够从语言形式出发自下而上地构建意义，而且能够从语境因素出发自上而下地监控意义提取及重构的整个过程。因此，从这层意义上而言，经过专门训练的学习者的翻译能力与未经训练的学习者翻译的能力可能有所区别。

综上所述，翻译能力与语言能力有一定的关联，但是未经专门翻译训练的学习者和经过专门训练的学习者可能存在差异。

第四节　跨文化视角下的翻译——以商务英语翻译为例

一、商务英语的语言特征

商务英语源于普通英语，实际上，它是对普通英语的一种延伸，也是普通英语的一种功能变体。因此，商务英语涉及的范围非常广泛，除了基础的英语知识外，如语音知识、词汇知识、语法知识、修辞知识、语篇知识、交际知识等，还涉及商务方面的知识，如商务活动表达知识、商务服务知识、商务合作知识、商务金融知识等。除此之外，从技能层面而言，商务英语不仅涉及普通英语的五项基本技能，即听力技能、口语技能、阅读技能、写作技能和翻译技能，还涉及一些具体的实践技能，如跨文化交际、商务合作等，同时还涉及一些先进的技能，包括多媒体技术技能、信息技术技能等。商务英语涉及内容广泛、应用领域众多，可以根据其应用领域的不同，细分为谈判英语、广告英语等多个应用领域。商务英语作为普通英语的变体，它不仅涉及很多的基础知识，还涉及很多的技能，可见，商务英语不仅是一个新的学科，还是一个十分复杂的学科。另外，商务英语还具有跨学科性，因为它与很多学科交叉融合，如与经贸、管理、文化等都有交叉和融合。

（一）商务英语的词汇特征

无论是贸易、营销，还是法律、管理，几乎所有领域都与商务英语有着紧密的联系，但与此同时，商务英语也有一定的独立性与自身的独特特征。商务英语是普通英语发生社会性功能变体而产生的，它不是特殊语言的范畴。在商务英语研究中，商务英语词汇是其研究的重要内容。所谓商务英语词汇主要指的是人们在商务活动中普遍使用的、具有一定商务专业性质的、与商务活动相关的英语词汇。在各种商务交流、商务合作活动中，商务英语词汇发挥着不可替代的作用。另外，由于商务英语是专门用途英语的一部分，所以商务英语词汇也属于专门用途英语研究的范畴，它最大的特点就是专业性，也就是具有很强的商务性。同时，商务英语词汇涉及的内容比较广泛，涉及的专业词汇和术语也比较广泛。然而，多数学习者对商务英语有所误解，他们简单地认为，商务英语就是各种商务专有词汇汇集而成的英语。

1. 具有丰富的词汇形式

商务英语词汇最为显著的特点就是词汇形式丰富多样。单从词汇的表现形式就可以将其分为三种类型：公文体形式、广告体形式、论说体形式。每种形式有着不同的内容，下面分别进行简要论述。

（1）公文体形式。公文体形式在商务活动中主要集中体现在商务合同、商务信函、商务通知等方面，其具体特点主要是使用的词汇集中在书面词汇，且用词比较严谨和规范，同时所使用的词语相对正式、简洁。

（2）广告体形式。广告体形式的商务英语词汇自然集中出现在广告中，这类商务英语词汇涉及的范围极广，更新速度较快，并且经常出现一词多义的现象，这一词汇形式不像公文体形式那样规范、严谨和正式，而是为了满足商业广告宣传的需要，具有通俗化和口语化的特点。同时，商务广告体为了吸引观众，还会引进一些新造词和外来词，这样能够使商务广告更加生动，更具吸引力。

（3）论说体形式。论说体不像商务广告体那样口语化和通俗化，它使用最多的就是书面词汇，也是因为如此，论说体所使用的词汇比较严谨和正式。同时，论说体这一形式大多集中出现在商务报告或商务演讲中，其商务报告或商务演讲的内容大多数是推广商品，因此，论说体还具有专业性的特点。

2. 大量运用专业的缩略语

商务英语词汇涉及范围十分广泛，它不仅词汇形式多样，还有着丰富多样的专业缩略语。实际上，从商务英语词汇的发展历程来看，在商务英语出现时，商业英语缩略语就已经出现了。例如，电报专用缩略语等。只是随着商务英语的发展以及商务英语词汇研究的不断深入，诸如电报专用缩略语在内的旧的商务英语缩略语已经被研究者所淘汰。缩略词不仅在英语中大量存在，它在商务英语词汇中也比较常见。专业缩略词的缩略方式也是商务英语词汇研究的重点。通常而言，一个多音节的商务英语词汇为了表述的便捷性，研究者会将其去掉一个或一个以上的音节，之后形成的商务英语词汇的音节就会更简短。此外，商务英语专业缩略词还可以省略前面的音节或省略后面的音节，通过这些方式而形成的词汇都属于商务英语词汇的缩略词。这些方式在商务英语词汇缩略中比较常用。例如，intro是introduction的缩略词，chute是parachute的缩略词。还有一种专业缩略词保留了中间的音节，如flu是influenza的缩略词。

近年来，随着经济全球化的发展以及商务活动的日益频繁，从事商务活动的人更加倾向于使用商务英语词汇的缩略词，这样不仅能够适应经济发展和商务快节奏的要求，还能够为商务从业者节省时间和精力，这样他们可以将更多的时间投入商务市场中，这在很大程度上提高了商业活动的效率。目前，在商务活动日益发展的带动下，商务英语词汇的缩略词已经广泛应用于商务运用、商务结算、商务交流、商务支付等领域。

3. 层出不穷的新词汇

商务英语除了具有上述两个特点以外，还具有新词汇多样的特点。随着商务活动的持续增加，国际商业的蓬勃发展，一些新科技、新思想、新工艺、新技术等出现在商务活动中，这些新内容的出现必然会带动商务活动中新词汇的发展。因为词汇是这些新内容的基础，也是语言的最基本单位。因此，近年来，商务英语中出现了很多新的词汇。

综观一些新的词汇，如Cyber Space、on line publishing、value added service等，可见，这些关于商务英语的新词汇大多都是复合词，也被称为合成词，即两个或两个以上的词汇按照一定的规律、语法、顺序等进行组合，最终形成一个新的词汇。实际上，一词多义在某种程度上也增加了新的词汇。例如，discount在进出口贸易活动中被翻译为“折扣”，在金融领域则用于表示“贴现、贴现率”。

（二）商务英语的句式特征

商务英语属于一种使用文体，因此，商务英语最突出的句式特点就是严密性、准确性和简洁性。商务英语是在商务活动中使用的英语，因此，商务英语这一文体更加注重商务内容的时效性、商务表达的准确性以及商务活动的逻辑性。所以，商务英语的结构比其他文体要复杂和规范，同时商务英语的文体比较正式。因此，商务英语广泛应用于商务投标、商务招标、商务合同等领域。另外，商务英语在句式上力求规范、准确、客观和正式，商务英语经常会以长句的形式出现。尽管如此，商务英语的句式基本固定、语言也比较简明。但需要注意的是，一些普通英语中常见的句式如虚拟句式、倒装句式等很少出现在商务英语中。

1. 句式简洁且表达准确

商务英语的句式体现出简洁性的特点，常见于商务英语的排比句、简单句以及一些比较简短的复合句中。除了这些句式以外，在商务英语的缩略字母上也能够体现其句式简洁的特点。需要注意的是，对于商务英语的字母缩写，并不是随意的，而是交际双方都认可这种字母缩略，只有这样，才能在商务活动中使用缩略字母。简洁的句子有助于商务信息的广泛传播，有利于从事商务活动的人理解商务信息，有利于商务活动的顺利开展。

2. 被动句式较为常见

汉语的日常表达中通常以第一人称为主，第三城人称的使用相对较少，因此，被动句式在汉语表达中并不常见。而在商务英语中，为了保证叙述过程的准确性和严密性，通常会使用第三人称进行叙述，因此，被动句式在商务英语中比较常见。这样有利于避免第一人称和第二人称带来的主观臆断现象。

另外，在商务英语中使用被动句式，其强调的重点主要在于“做的内容”和“做的方式”，而不在于强调“实施这一动作的人”。可见，被动句式在商务英语中发挥着不可替代的作用。例如，被动句式可以提高商务信息的客观性和准确性，也可以增强商务信息的可信度等。因此，在一些要求比较严格的商务文体中，被动句式更为常见。

3. 经常使用长句、复合句和并列复合句

商务英语的句式简洁而且表达十分准确，这样有利于从事商务活动的人理解和运用商务英语。但是鉴于商务英语的专业性以及严谨性、准确性等特点，商务英语也会经常使用长句、复合句以及并列复合句。尤其是在经贸合同中这些复杂句式比较常见。另外，商务英语的句式结构比较复杂，通常需要借助许多短语、从句对句子进行详细地说明与限定，这样，商务英语的句子就容易显得冗长，有些句子甚至能够单独成段。

（三）商务英语的语篇特征

商务英语在语篇结构方面注重逻辑性，强调语篇内容的连贯性，在通常的表达中首先进行的是综合思维，然后进行的是分析思维。可见，商务英语在语篇表达中具有一定的独特性和共性。同时，语篇特点在很大程度上能够集中体现其词汇特点与句式特点。综合而言，商务英语的语篇结构合理、语言简练、内容具体、论述客观。下面针对商务英语的语篇特点展开具体分析：

1. 标题简洁且多用缩略语

商务英语语篇的标题都比较简洁醒目，透过标题能够准确地表现语篇论述的主要内容。同时，商务英语语篇的标题还要生动形象，这样能够吸引更多的读者，发挥更大的影响力。除此之外，商务英语的标题通常采用简单句式。而这些简单句式又常以陈述式、疑问式等为主。同时，商务英语标题还具有简洁性、突出主题性的特点，因此，商务英语的标题还会加上一些标点符号，以便进一步突出商务英语的标题特点。例如，破折号、冒号等比较常见，而句号一般不会被使用。

2. 语体规范且正式

商务英语是一种以商务活动为主题的专门用途英语。商务英语的商务特色，决定了商务英语在使用和表达中不能像普通英语那样随意和口语化。换言之，商务英语在具体使用过程中，从事商务活动的人必须在遵循平等合作的基础上，使用规范化、正式化、通用化的商务语体进行沟通和交流。可见，语体的规范正式也是商务英语语篇的一大特色。

3. 行文结构遵循一定固有模式

商务英语主要用于跨国商务活动中，它的使用语境较为特殊。因此，商务英语在语篇结构上通常使用固有模式，这种语篇特点在商务英语信函中比较常见。

（1）解析型语篇结构模式。解析型语篇结构模式在商务英语语篇中经常使用。解析型语篇结构模式首先就是将整体进行分割，使整体问题转化为一个个小的问题，然后再对这些小的问题进行详细分析。一般而言，在购销合同与个人简历中会大量使用解析型的语篇结构。

（2）比较—对比型语篇结构模式。在商务英语语篇中，要想论述商务英语商品、服务等方面的相同点和不同点，可以在商务语篇中采用比较—对比型语篇结构模式。比较是对两个方面的相似性分析，而对比主要是对两个方面的不同之处进行分析。比较—对比型语篇结构模式常见于商务英语的信函、商务英语调查报告中。

（四）商务英语的修辞特征

1. 委婉手法

商务英语主要运用于商务活动，而从事商务活动的人来自不同的国家或地区，这些来自不同国家或地区的人主要运用商务英语这一语言进行交际。在交际过程中，难免会出现表达、认知和情感不同的现象。为了使对方能够顺利交际，还能够从理智和情感上都能够接受对方的想法或观点，可以在表达中运用委婉、模糊的话语。

委婉语或模糊语的内涵并不大，而外延却不小，能够使交际双方的观点被对方接受，它具有很大的包容性特点。同时，委婉语和模糊语还具有一定的弹性，能够给从事商务活动的人留下一定的空间，这样从事商务活动的人就可以在此空间中进行思考和想象。

除此之外，从事商务活动的人在使用委婉或模糊的商务英语进行交际时，还必须遵循礼貌原则。只有这样，从事商务活动的人才能在商务活动中顺利沟通和交流，从而为商务合作奠定基础。

2. 夸张手法

商务英语不仅经常使用委婉的修辞方法，还会使用夸张的表达方式。夸张在商务英语中起着重要的作用，需要注意的是，夸张并不是随意地夸大，也不是毫无根据地进行运用，而是从事物的本质入手，从内在层次对其使用夸张的修辞手法。换言之，夸张就是以事物的本质为基础，运用想象的方式，对事物的特征、内在进行扩大，从而达到增强事物表达效果的目的。在商务英语中运用夸张，不仅能够提高商务英语的感染力，还有利于商务活动的顺利进行。另外，商务英语广告中经常使用夸张手法，其目的主要是起到点石成金的作用。同时，夸张手法因其语言简练、表达准确等特点在很大程度上促进了商务英语广告的传播。

3. 排比手法

排比是一种常见的修辞手法。它在汉语、英语表达中都起着至关重要的作用。排比其实就是把结构、意义、语气等相同或相近的词语、句子并列使用的一种手法。排比的结构是对称的，虽然在表达中并没有明确对不同事物之间的相同点、不同点或内在关系进行说明，但交际双方能够从中了解到不同事物之间的内在关系、异同点等。在商务英语语篇中使用排比结构，可以使文章表达更具节奏感，有助于将重要内容表达得更为清晰。

二、跨文化视角下商务英语翻译的标准

“随着世界经济全球化和跨国贸易的不断发展，国际商务英语在跨文化交际活动中的重要作用日趋凸显。由于专业性和中西文化差异因素的影响，国际商务英语无论在内容上还是在表现形式上都与一般英语有着很大的区

别。”[①]在翻译过程中，译者不仅需要掌握商务英语的专业特点，还要将中西文化差异作为重点考虑因素，对商务英语翻译的标准也要知晓明晰。

（一）翻译的“信、达、雅”标准

“信达雅”的翻译标准是由清代翻译家严复提出的，对其的具体解释主要见于《天演论·译例言》中。对“信达雅”翻译标准的具体分析如下：

第一，“信”。“信”是这一翻译标准的第一步，其核心就是对原文思想、观点、内容等的忠实，它强调译者对原文的忠实性，即将原文的内涵、内容完整而准确地翻译出来，并强调译者不能对原文的内容进行任意的改动，也不准对原文的内容有任何的遗漏。实际上，译者要想满足“信”，先要做到的就是对原文进行全面的、准确的理解，如果没有做到这一点，就无法满足之后的翻译标准了。

第二，“达”。“达”是这一翻译标准的第二步，也就是在忠于原文的基础上做到译文的通顺和规范。要想做到“达”，译者就要在翻译中避免出现语言晦涩、结构混乱、语句不通等错误。

第三，“雅”。“雅”是在“信”与“达”的基础上实现的，也是这一翻译标准的最高要求。“信”“达”“雅”实现的过程也就是从易到难的过程。而“雅”主要强调的是流畅的同时译文具有一定的文采。一篇译文的质量与翻译者的翻译水平紧密相关，而译者的翻译水平既包括其英语水平，也包括其汉语水平，更包含译者对原文的理解。“雅”是翻译的最高境界，要想实现“雅”，必须做到：①译者必须彻底理解原文的思想、观点和内容，并在此基础上对原文进行翻译；②译者在翻译过程中不能将逐个原文词语的翻译拼凑成译文，这样会导致译文的生硬。

上述跨文化视角下的翻译标准在翻译界产生了很大的影响。同样，商务英语翻译也受这一翻译标准的影响。在商务英语翻译中，同样需要遵循“信、达、雅”的翻译标准，即商务英语翻译不仅要忠于原则，做到语言的

① 江晓悦. 文化差异对国际商务英语翻译的影响及对策 [J]. 河北广播电视大学学报，2021，26（4）：63.

准确和严谨，还要保证商务英语翻译译文的通顺性和易懂性，做到语言的通俗易懂。更为重要的是，要注意商务英语翻译译文的得体性，商务英语译文应该保持原文的行文风格，尽可能地还原原文，同时译文的语言表达也要与商务文本的语言特色相符。

（二）翻译的“直译”“意译”标准

直译和意译在跨文化视角下的英语翻译中都比较常用。译者必须坚持该直译的地方必须使用直译的方法，而该意译的地方也必须坚持使用意译的方法。

第一，直译。直译简单理解就是对原文进行一对一的翻译。译者采用直译法既可以保持原文的具体形式，又可以保持原文的具体内容。这种方法在英语翻译中比较常见。

第二，意译。意译，也被称为自由翻译。由于英汉两种语言在很多方面存在差异，当原文的形式和内容存在一定的矛盾，不能同时兼顾时，译者就不能采用兼顾原文内容和形式的方法——直译法，而需要采用一种注重原文内容，不保留原文形式的方法——意译法。

（三）翻译的“三原则”标准

翻译的“三原则”标准对翻译也产生了深远的影响，这一原则的提出者是英国人亚历山大·泰特勒。关于这一标准的具体论述主要见于《论翻译的原则》中。翻译的“三原则”标准具体为：第一个原则是译者必须完整地将原文的思想表达出来；第二个原则是译者必须保持原文的风格以及原文作者的笔调；第三个原则是译者必须保证译文的通顺、流畅。

上述原则的提出者在当时提出这一标准时主要倾向于文艺翻译，尤其是强调了这一标准适用于诗歌的翻译。实际上，翻译的“三原则”标准适用范围十分广泛，可以在所有文体翻译中使用这一翻译标准。另外，翻译的“三原则”标准强调原文与译文的一致性，其中最重要的就是让译文读者获得与原文读者同样的阅读感受，产生同样的阅读反应，这在商务英语翻译中有着重要作用。例如，译者在翻译商务信函时，既要将信函中的内容信息准确完整地翻译出来，也要尽可能地使收信者产生发信者所期待的反应。

（四）翻译的“功能对等”标准

翻译的“功能对等”标准主要强调的是功能对等性，该翻译标准的突出代表就是美国翻译家尤金·奈达。“功能对等”的翻译标准在中国翻译中也发挥着不可替代的作用。同时，“功能对等”的翻译标准主要强调原文与译文在诸多方面的对等，如在信息内容、语言风格、文化内涵等方面实现对等。“功能对等”的翻译标准在国际商务英语翻译中也起着重要的作用，无论是商务英语还是英语的其他文体，都必须保证原文信息与译文信息的对等。

（五）翻译的“语义翻译”“交际翻译”标准

翻译的“语义翻译”在英语翻译中也是十分重要的，其提出者是英国翻译家彼特·纽马克，具体见于他所编著的《翻译探索》中，这一翻译标准主要由两个部分组成，即语义翻译和交际翻译。语义翻译是对直译的总结，是对逐字逐词翻译的归纳，更是集忠实翻译的诸多优势于一体的一种翻译方法。交际翻译是对归化的总结，是对意译的归纳，更是集地道翻译的诸多优势于一体的一种翻译方法。这一标准将语义翻译和交际翻译结合起来，更能达到翻译的良好效果。

综上所述，国外和国内都有自己的翻译标准。从整体上而言，不管是国内还是国外的翻译标准都注重翻译信息的对等性。具体而言，国外翻译标准主要注重文体的内容、文体的信息传递、文体的具体形式等；国内翻译标准主要注重文体的忠实性、文体的等值性、文体的内容、文体的传神性等。可见，国内外翻译标准都注重译文是否能够真实地反映原文的内容、思想等。而商务英语是英语的一种常见变体，其涉及内容十分广泛，因此商务英语翻译标准与普通英语翻译标准是有一定区别的，它具有自身独有的特点。也正因如此，商务英语翻译注重信息的对等性，即语义信息、风格信息、文化信息等方面的对等。

三、跨文化视角下商务英语翻译的原则

第一，忠实性原则。忠实性原则在跨文化视角下商务英语翻译中占据十

分重要的地位，它也是译者在翻译商务英语过程中必须遵守的原则。忠实性原则主要强调的是译者翻译的译文与原作者的原文信息对等，这也是由商务英语的性质决定的。同时，译者在翻译商务英语时，必须以忠实性原则为导向，保证译文与原文的信息对等，同时译者不能窜改、歪曲、遗漏原文所表达的思想。另外，忠实性原则强调的不是原文语言表达形式的忠实，而是原文内容的忠实或原文风格的忠实。

第二，准确性原则。准确性原则也是译者在跨文化视角下翻译商务英语过程中必须遵循的原则，这一原则的主题就是准确。换言之，在翻译过程中，译者必须能够用译文的表达方式将原文的内容、思想等信息完整、准确地表达出来。

第三，通顺性原则。无论是跨文化视角下的商务英语翻译还是其他形式的语言翻译，都必须遵循通顺性原则。通顺性原则主要指的是译者在翻译商务英语时必须使译文的词汇、句子通俗、顺畅，同时符合商务活动的规范和要求。另外，译者在保证译文通顺的基础上，还必须保证用词的准确性，避免用词的生硬化和艰涩化。

四、跨文化视角下商务英语翻译的技巧

（一）商务英语翻译中存在的问题与误区

1. 商务英语翻译中存在的问题

当前，商务英语翻译正处于完善发展的阶段，无论是商务英语的研究者还是翻译实践者都已经总结积累了一些经验，这有助于商务英语翻译的持续健康发展。但需要注意的是，商务英语翻译还存在一些问题，此处主要从以下几个方面对商务英语翻译中存在的问题进行系统的论述。

（1）词汇问题。词汇问题不仅在普通英语翻译中比较常见，在商务英语翻译中也比较常见。商务英语涉及很多的专业术语和专业词汇，这些词汇涉及商务英语的各个领域，因此具有内容丰富、范围广泛的特点。商务英语中的这些专业词汇与普通英语有着很大的区别，如果译者在翻译时按照普通英语词汇进行翻译，或没有结合商务表达习惯，就很容易造成词汇翻译错误的问题，从而使译文不能准确地将原文内容表达出来，进而降低了商务英语

翻译的规范性和专业性。

另外，在商务英语翻译中，还存在一种词汇问题——词义差别比较大。在翻译这类词汇时，如果译者将其翻译错误，就会影响整个材料的准确性、规范性和专业性。例如，在日常生活或者其他普通语境中，“shipper”和“carder”是意思接近的两个词语，但是到了商务英语的语境中，这两个词语就代表了不同的含义，需要进行明确的区分，“shipper”指货物交出者；“carder”则指货物运输的中间方。

（2）句式问题。西方国家注重抽象思维，而中国主要以形象思维为主。再加上中西方风俗习惯、文化背景等方面的差异，英语和汉语在句式结构上也存在很大的差异。汉语句式以“意”为核心，不注重句子的完整性，更倾向于句子的意会，在表达中最为常用的方法是人称表达法。而英语句式则以“形式”为核心，注重句子的完整性。因此，译者在翻译商务英语的过程中，通常采用被动句式，这样有利于保证商务信息的准确性、正式性。

总而言之，句式问题也是商务英语翻译中的一大问题，如果译者不能很好地解决这一问题，就会在具体翻译中出现句式错位、偏差等问题。

（3）翻译文化负载词的问题。由于英汉语言在很多方面存在很大的差异，所以，并不是所有的英语词汇均能在汉语中找到完全对应的词汇。商务英语也不例外，这种现象被称为词语空缺。面对这种情况，译者必须在翻译过程中适当地增加释义，以便让译文读者准确地理解原文所表达的内容信息。总而言之，在商务英语翻译过程中，译者必须准确把握商务英语的各项特征，了解商务英语的特殊性，考虑商务英语中的词语空缺现象，并结合自身的知识和文化功底，使译文和原文在文化信息上实现对等。

2. 商务英语翻译中存在的误区

（1）否定句型中的直译误区。句型是译者开展翻译工作不可忽略的部分，通常一些特定的英语否定句是不能采用直译法进行翻译的，这时译者要采用其他方法进行翻译。

第一，部分否定句型。下列句型不同于汉语的思维模式，很容易误译。

I do not know all of them.

误译：对他们我都不认识。

正译：对他们，我不是个个都认识。

All the answers are not right.

误译：所有答案都不对。

正译：答案并非全对。

第二，单一否定中的部分句型。

It is a long lane that had no turning.

误译：那是一条没有拐弯的长巷。

正译：无论多长的巷也有拐弯的地方（路必有弯，事必有变）。

It is a wise man that never makes mistakes.

误译：一个聪明人从不犯错误。

正译：无论怎样聪明的人也难免犯错误。

（2）修辞句型中的直译误区。汉语写作习惯借助一定的修辞手段来提升文章的质量，在英语中也不例外。运用英语进行写作时往往也会使用大量的修辞手法，如果英语中的这种修辞手法和汉语的比较类似，则译者在商务翻译时可以使用直译的方式，然而还有一些修辞手段无法在汉语中找到合适的对应修辞，这时译者就不能盲目直译，而是要根据具体情况采用不同的翻译策略。

总而言之，译者在具体的商务翻译实践中要根据实际情况采用不同的翻译策略，没有万能的翻译策略。此外，直译和意译这两种翻译方法各有利弊，译者在翻译时要准确把握二者的使用范围，从而使翻译的译文更加符合目的语读者的阅读习惯。

（二）商务英语翻译技巧的处理

1. 完全对译和部分对译技巧处理

通常，面对一些专业名词、专用术语，译者可以使用完全对译的翻译方法。如果没有出现一词多义的情况，那么使用这种翻译方法就非常简便。如果在翻译过程中出现了一词多义的现象，译者就要借助具体的语境、上下文等明确该词在当前的语境中代表什么含义，尽量选择与原文含义接近的译文词语。

例如，商务英语中常见的发放贷款，可以用英语中的“to launch a loan”来表达。而其中的“launch”就属于一词多义，“to launch a training class/course”表示开设训练班，“to launch a satellite”则表示发射卫星。又如，翻译“Boss is firm with his men”时，如果按照“firm”的普遍含义译为“坚定”就不够准确，使翻译流于形式，其内在含义应该译为“严格/严厉”，只有这样才能准确表达原文意思。除此之外，在商务英语翻译中还有可能出现一些在译语中很难找到对应意义的词，这些词原本的含义无法在译文中得到准确体现，这就需要译者按照具体语境，对该词的含义进行引申延展，从而找到合适的表达。

2. 艺术化处理技巧

翻译是对原文的一种再创造。有时简单的对译就能满足翻译的要求，但这种情况比较少见，即使是简单的对译，译者也要考虑英汉语序的转换。有时，一个英语单词包含的含义往往需要译者运用若干个汉语词汇来翻译，因而译者在英汉对译的时候要运用一定的翻译技巧，即对译文进行艺术加工。在商务英语的翻译中，译者经常运用的艺术化处理技巧主要包括如下几个方面。

（1）合句法。所谓合句法就是指译者在翻译的过程中把若干个较短的句子合并成一个长句。汉语在表达中重视意合，因而其句子比较短，而英语在表达中重视形合，因而其句子都比较长，这就要求译者在把汉语翻译成英语时可以适当地运用合句法，从而使译文更加符合西方人的表达习惯，换言之，译者可以将原文中的多个简单句或一个复合句用译语语用习惯翻译成一个单句。

（2）分句法。译者在具体的翻译过程中可以对原句结构进行一定的改动，将冗长的英文句子拆分成短句，这就是分句法，这种方法有利于译文读者顺利阅读。对英语句子具体的拆分可以选在关系代词、主谓连接处、并列转折处等地方，在这些地方进行拆分不会使句子的本意发生变化。这种翻译方法有助于整体上保留英语原有的语序，符合汉语的语序习惯，可以使译者顺译全句，使译文更加清晰、流畅。

（3）词类转化法。由于英语与汉语是两种完全不同的语言体系，所以英汉语言存在诸多差异，其中语法结构方面的差异较为明显。在商务英语翻译中，译者要想成功地完成翻译任务，让译文读者在阅读时没有过多的障碍，就必须对原文中的词类进行灵活处理，通过转换词类使译文更加流畅，更具可读性。实际上，词类转换就是对词性进行转换，如将名词转换成代词、形容词、动词；将动词转换成名词、形容词、副词、介词；将形容词转换成副词和短语等。下面对商务英语翻译中的词类转换类型进行具体分析。

第一，转化为动词。商务英语翻译过程中可以将一些本身含有动作意味的名词、形容词、副词、介词等转换为动词。

第二，转化为名词。商务英语翻译中可以把一些由名词派生的动词、部分形容词及副词转换为名词。

第三，转化为形容词。翻译时把某些形容词派生的名词及副词转换为形容词。

第四，形容词转化为副词。商务英语翻译可以将部分形容词转换为副词。

（4）加词法。加词法是指译者在具体的翻译中根据实际需求适当地添加能够表达原文意思的词语，从而使译文更加准确和通顺。译者可以添加的词语种类有很多，如名词、动词等，需要注意的是，加词法只能增加词语，不能随意增加其含义。除此之外，要想让译文更加生动准确，译者还可以对已经出现过的词语进行重复，适当地概括总结前文，这也是加词法的合理应用。

在汉语的表达中，中国人经常使用没有主语的句子，然而在英语的表达中，西方人则很少使用没有主语的句子，因而译者在把汉语翻译为英语时，除了英语中极个别的结构可以使用无主句之外，译者要为大部分的英语译文加上主语，从而方便读者理解。

英语和汉语在词汇方面存在较大差异。具体而言，在英语的表达习惯中，人们善于使用代词，因此译者在把汉语翻译为英语时要为译文适当添加物主代词，同时也要增添连词。在英语语言的表达中，西方人还大量使用介词和冠词，这也要求译者在翻译时适当添加。需要注意的是，增译法要合理使用，在保证语法结构完整的同时，还要达到译文的准确明晰。

（5）减词法。与增词法相对应的是减词法，减词法要求译者在遇到一些无法译出或者没有词意的词时，不必将这些词一一翻译出来，这样有助于提升译文的简洁性。

需要注意的是，对仗是汉语中常见的语言表达，这种句式结构有助于增强文章的气势，但是在英语中这种表达方式并不多见，因此，在翻译时可以进行适当的省略，这样既符合英语的表达习惯，也使译文显得更加简短有力。在商务英语翻译过程中，译者还可以适当地省略一些没有重要含义的冠词、代词、连词、介词、动词等，这样形成的译文会更加符合译语读者的阅读习惯与思维方式，会更显精练准确。

（6）换词法。换词法是指在翻译过程中，译者可以按照具体的语境要求，在保证语意连贯的前提下，更换更为恰当的词语进行翻译，这样可以使译文完整地传达原文的意思，避免出现译文离题的情况。

（7）正译法和反译法。不管是在英语中还是在汉语中，人们描述同一个事物、讲述同一种观点时，都可以采用正说与反说两种方式，正译法与反译法就是在此基础上建立的。正译法就是按照与原文相同的语序或表达方式进行翻译；反译法就是按照与原文相反的语序或表达方式进行翻译。实际上，正译法与反译法的效果一般是相同的，不过在汉译英的过程中，反译法更适合英语的语用习惯与思维方式，会使译文显得更加专业。

在英语表达中有一些词语与句子本身不含否定含义，但是其呈现出来的语义是否定的；还有些词句属于否定形式，但表达出来的却是肯定的含义。面对这种情况，译者首先要准确理解语句的真正含义，再使用正译法或反译法将原文含义翻译出来。

（8）深化法和浅化法。在商务英语的翻译实践中，有的时候译者不能直接从字面的意思来翻译原文，译者需要结合上下文以及汉语的表达思想来完成翻译，根据具体的语境与语用习惯进行合理地引申，这就是深化法或浅化法。总体而言，深化法就是从一般中提炼出特殊，浅化法就是将特殊总结为一般。

（9）倒译法。在中国人的汉语表达习惯中，人们往往把句子中的定语以及状语等词汇放在被修饰语的前面，然而在西方人的英语表达习惯中，人们往往把句子中的定语以及状语等词汇放在被修饰语的后面，因而译者在翻译时要适当调整语序。通常情况下，倒置法较多地应用于英译汉中。

（10）包孕法。在英语长句的翻译中，译者将英语的后置成分前置，按照汉语语序使修饰成分在译文中形成前置包孕，这就是包孕法。需要注意的是，译文中的修饰成分不应过多，不然会显得烦琐，还有可能导致汉语句子结构的混乱不清。

（11）重组法。一般而言，译者在翻译商务英语时通常会遇到各种各样的句式，有时一些句式十分拗口，不符合目的语国家的语言表达习惯，这时就需要译者在彻底理解原文思想以及结构的基础上对原文的句子进行重组，即运用重组法进行翻译。

（三）商务英语翻译技巧的提升

1. 把握文化背景差异

由于中西方在地理位置、气候、风土习俗以及发展历史等方面存在比较大的差异，所以中西方的文化也存在较大的差异，这种文化差异也会对英语和汉语这两种语言产生较大的影响。这就要求译者在具体的翻译实践中要了解作者所处的时代背景以及文化体系，从而准确翻译作品，避免由于不了解中西方在某个方面的文化差异而出现错误的翻译，造成文化冲突。世界上有很多个不同的民族，每个民族都有自己的文化体系以及风土人情等，其能够反映本民族居民的生活状态和精神风貌，是本民族智慧的结晶，因而文化对翻译有着非常重要的影响。因此译者在开展商务英语翻译工作时，一定要十分谨慎仔细，要考虑多方面的因素，不能使译文出现较大的翻译错误，从而造成歧义。

2. 讲究专业术语对等

所谓专业术语通常是指应用到很多专业领域或者专业学科中的词汇，这些词汇是固定的搭配而且它能够表达准确科学的含义。专业术语有很多其他词汇不具备的特性，如它具有单义性。单义性，顾名思义就是指专业术语的意思应该是准确的，不会引起人们的猜测或者有歧义。由于商务英语的性质使商务英语中有很多专业术语，因而译者要想准确翻译商务英语，其前提条件就是要准确读懂和理解商务英语中的专业术语，这就要求译者要广泛大量学习和了解其他学科的专业知识等，从而使译者在翻译时能够准确翻译与商务英语相关的专业术语。

商务英语翻译需要遵循一定的参考标准，其中最重要的标准就是翻译的功能对等。所谓功能对等就是指译者在翻译时不要逐字逐句地翻译，要从文章的宏观结构出发来审视商务英语的原文，从而从语篇的角度进行翻译。在具体的翻译实践中，译者必须重视译文中的词语选择，注重词语的文化背景以及逻辑性等，尤其是译者在选择专业词汇时一定要十分谨慎。总而言之，译者在翻译商务英语时一定要重视词汇的选择，从而使译文更加通顺，符合功能对等原则。

通常情况下，在英语这门语言中有一个十分明显的特点，那就是英语中的每个词语往往都有好几个不同的含义，换言之，人们把这个英语词汇放在不同的语境中它就能够表达不同的含义，这种现象也经常出现在商务英语中。有一些我们日常比较熟悉且使用比较广泛的词汇，把它们应用到商务英语的某一个具体学科中，这个词汇就具有了其他特殊的含义，这是一种固定的含义，也就是所谓的专业术语。因此我们强调专业术语的单一释义特征，换言之，译者在商务英语的翻译中要遵循术语对等的原则。

3. 注意增词减词

当我们对商务英语合同进行翻译的时候，因为合同是签订合同的双方以及当事人应该遵守的规定，这样的话，合同是具有一定法律效力的，所以，翻译人员必须做到使用词语谨慎、措辞准确贴切。翻译文本要非常准确并且非常完整，这样的合同才是比较合理准确的。在对英文合同的文字进行翻译的时候，翻译人员可以在原文的基础上适当地增加一些隐含的文字，这样才能使得合同看起来更加完整，结构也更加清晰，读者进行阅读的时候也就更加方便。

除了用词准确之外，还得谨慎选择词语，原因在于不同的词语有不同的意思，其使用的语言环境也是不一样的，这些都和文化有着或多或少的联系。从这些足以看出，语言环境不同，词汇的含义就不同，因此，译者必须合理选用翻译词语，从而准确表达其意思。除了这些以外，在使用商务英语进行交流的时候，我们也要注意对比较容易混淆的词语进行准确地区分。因为很多时候，如果翻译时选用的词语不合适，句子就会出现歧义，甚至表达了完全不一样的意思。所以，我们必须区分比较容易混淆的词语，只有这样，才能使商务英语翻译质量得到提高。

在对商务英语进行翻译的时候，我们要掌握一个比较重要的翻译技巧——对词量进行适当地增加或者减少。在进行翻译的时候，翻译人员要依据原文上下文的意思、逻辑关系、翻译文本语言上的特点和表达上的习惯，要么增加原文本中没有但是有一定意思表示的词语，要么减去原文本中存在的但是并没有实质性含义的词语。依据上下文，可以先适当地增加动词、形容词等。具体在什么时候增加词语，怎样增加词语，这些都不是一蹴而就的，需要在翻译实践过程中不断累积。

在进行翻译的时候，删减词语的翻译方法可以使得翻译文本变得简洁明了，这样就不用对原来的文本进行逐字逐句的翻译了，也在一定程度上改变了文本的累赘和歧义的问题。

4. 语篇文体翻译要得体

商务文体的类型是非常多的，不同类型的翻译特征也是不同的，比如广告类型、公文类型等。文体的类型不一样，其翻译的风格和整体的方向也就不一样，在对商务英语进行翻译的时候，就需要深入了解各种不同的文体，并且在对文体进行了解的基础上，根据不同文体的特点来翻译语言。

通常来说，大部分的契约语言都是很正式的，并且具有文艺性。当我们对契约文体进行翻译的时候，用得比较多的就是法语或者是拉丁语言中的比较精确的词语。和其他的文体进行比较，我们就会发现，契约文体翻译使用的词语更为严谨。在对契约文体进行翻译的时候，我们非常注意的一点就是尽可能地不使用一些弹性比较大的不常用的词语。相比较而言，对于公文文体的翻译就没那么正式了，比较形式化，语言的使用也没那么文艺，显得严肃庄重了许多。我们在对公文文体进行翻译的时候，使用的词语大多都是比较专业的。在翻译公文文体的时候，翻译人员必须做到尽量使翻译出来的文字非常简单，别人一看到就能完全明白其中的含义，是不需要使用很多修饰性词语的。除了契约文体和公文文体外，还有一种文体和这两种文体都不一样，那就是广告文体。

翻译广告文体的时候，翻译人员使用比较多的就是形容词，还有就是形容词的最高级。人们做广告是有目的的，那就是对消费者进行一定的吸引，从而让消费者对产品进行消费，与此同时使越来越多的人知道这个企业的存在，所以，在翻译广告文体的时候，翻译的文本必须具有一定的吸引力，使人们根据广告对产品进行一定的了解，进而产生购买产品的想法。因而，在对商务英语进行翻译的时候，翻译人员需要先确定翻译文本是哪一种文体，然后根据文体来断定翻译的方向，只有这样，翻译出来的文本才能更加合理。如果翻译人员对要翻译的文本并不了解，通常就会出现使用错误的情况。

5. 调整“无对应词”的翻译

英语中的很多词语并不是和汉语中的词语完全对应的，有的可能是有一部分是相对应的，有的可能完全找不到相对应的词语，这就出现了词语空缺的现象。例如，汉语中人们经常使用“鸳鸯”这个词语来比喻夫妻，英语翻译的时候就翻译成了“mandarin duck”，英语翻译后的词语并不能把汉语中词语的真实含义表达出来。所以，对于一些并没有对应词语的外来语言来说，因为其文化气息比较浓厚，我们在进行翻译的时候，需要适当地调整。

6. 恰当使用词类转译

在对商务英语进行翻译的时候，我们不能忽视翻译的风格。即便是人类的生存环境和条件等存在一定的差异，使得文本的文化不能进行有效的翻译，但是，人类生存的主观需要和思考的方式并不是完全不一样的，翻译人员需要对其进行较为全面的了解，从而不断促成不同文化之间的相对应。在进行翻译的时候，如果翻译人员忽视了原文本中的风格信息，这样既会丢失翻译文本的信息，也会使得翻译文本变得不合理。总体而言，国际商务英语涵盖了各种各样的文体的语言形式，翻译人员必须对此加以注意。

在商务英语翻译中，翻译人员经常会遇到一些词语在词典中的含义和上下文的意思表示并没有联系的情况，如果翻译人员直接把词典中的含义应用到翻译文本中，那么，翻译出来的文本就有可能变得比较含糊，再严重一点，阅读人员可能会误读文本的含义。所以，翻译人员必须根据自己平时积累的语言知识对上下文进行理解，进而对词语的引申含义进行解读。

所谓的转换指的是商务英语翻译中语言的表达方式和词语性质的变化。因为英语和汉语的表达方式和词语搭配存在很大的差异，所以，翻译人员在对商务英语进行翻译的时候会出现一定的不对应性，这个时候，翻译人员就需要进行一定的转换。

五、跨文化视角下商务英语翻译策略的实践

由于英语是一种公认的世界性语言，所以商务文本一般都会用英语撰写，对语言表述的要求非常高，在措辞、文本结构、格式等方面必须做到严谨规范。因此，翻译商务合同必须考虑合同语言的特性，在此基础上做到精准、严谨地翻译。

（一）跨文化视角下的商务合同翻译

1. 商务合同翻译的标准

商务合同中的各项条款都对合同签订者的经济利益有着直接的影响，并且，一些涉外商务合同还需要考虑不同国家在法律规定上的差异，这为商务合同翻译增加了难度。此外，商务合同的文体结构非常严谨，对用词规范严谨，这就要求译文也要做到严谨准确，避免歧义。因此，商务合同翻译必须依照一定的标准进行。

（1）准确严谨。商务合同具有较强的专业性，同时具有一定的兼容性，为了满足人们对商务合同的严格要求，避免出现误解，商务合同的翻译

先要做到准确严谨。合同文本与其他文本相比具有一定的特殊性，它是对合同双方真实需求的文字记录，因此，合同文本的翻译对于文采韵味的要求几乎没有，它最注重的是准确严谨地将合同签订者的要求与意思表示出来。

用词准确是翻译商务合同的第一要义。商务合同中的词语翻译必须做到精准对应，还要体现出一定的专业性。例如，通常译者在翻译“accept”时，会将其译为“接受”，但是在商务合同中，就必须使用更加专业的词汇——“承兑”，同时，“acceptor”就应该译为“承兑人”。又如，一般情况下，“shipping advice”与“shipping instruction”的意思基本相近，不用做详细区分，但是在商务合同中就必须对二者进行明确区分：“shipping advice”表示“装运通知”，即交易双方中的卖方向买方发出的通知；而“shipping instruction”则表示“装运指示”，即交易双方中买方向卖方发出的指示。同样的例子还有“shipment dale”与“delivery dale”，这两者都可以译为“装货日期”，但是在商务合同中它们还是有着细微的差别，“shipment dale”指货物起运的日期，而“delivery dale”指到货的日期。由此可见，在翻译商务合同时必须仔细辨别词语的含义，以免出现对合约的误解纠纷。

译文的完整性对商务合同翻译来说同样重要。因此，在翻译中译者不能只关注原文与译文在词语上的对等，还要注重其整体语义的统一完整。

（2）规范通顺。合同是具有法律效力的文件，具有严肃性特征，因此在翻译过程中必须做到规范通顺。规范，就是要严格遵守法律语言的要求，呈现出契约文本的特点；通顺，就是要满足汉语的语法要求与语用习惯，保证译文能够被人清晰理解。规范通顺是合同签订双方清楚表达自己意见的前提，如果译文过于晦涩，就会让签订双方无法理解合同的具体内容，也就失去了翻译的现实价值。

2. 商务英语合同词汇以及句法的翻译重点

（1）商务英语合同词汇翻译重点。

1）商务英语合同的词汇特点具体如下：

第一，专业术语单义性。目前，国际贸易已经涉及诸多行业，这使商务英语合同中除了会经常用到各种专业的法律英语外，对于其他学科领域专业术语的使用也同样比较频繁，如海运提单（ocean bills of lading）、运费到付（freight to collect）等就为常用基本贸易术语，而合同期满（expiration of contract）则为拟定合同时的常用合同术语。虽然这些专业术语或词汇在日常交流中并不常用，但为了保证合同内容的明确、清晰，仍然需要进行权威的科学认证，只有确定这些表述不管怎样都不会出现歧义，才能放心地应用在合同中，用来进行商务合同的表述，实际上专业术语之所以大多具有单义性，正是因为上述要求。

第二，普通词汇半专业性。由于贸易活动早已遍布各行各业，在贸易合同中需要约定的内容自然非常广泛，因此，要求合同中所有的内容都通过专业术语来表达是不可能实现的，这就需要用到一些普通词汇，这些普通词汇的专业性必然比不上专业术语，但是其具有多异性，它们在合同中的应用使自身逐渐成为半专业性词汇，并延伸出一些新的含义。

第三，外来词使用较多。与汉语相同，英语同样对很多外来语进行了吸收融合，这些外来语虽然并不属于日常用语，有些甚至在是否为英文词汇上仍存在争议，但在商务英语合同的拟定上，却常常会对这类词语进行延伸性的引用，最终使其演化为商务英语的一部分。例如，force majeure在商务英语合同中通常表示不可抗力或无法预见并通过人力避免，该词汇源于法语；as per 在商务英语合同中表示“根据”，其来自希腊语。此外，如来源于拉丁语的从价关税折扣（ad valorem duty）、来自法语的权利（claim）等，也都在商务英语合同的拟定中有着较为频繁的使用。

第四，古体语相对常见。英语的发展过程主要可分为古代英语、中世纪英语及现代英语三个阶段，受文艺复兴等诸多因素的影响，不同时期的英语在词汇方面的变化都比较大，不仅引入或创造了很多的新词汇，同时也有不少旧词汇因种种原因被淘汰或少有人使用，而古体语则正是其中之一。古体语是指文体色彩较为鲜明的词汇语言，一般很少用于日常交流，而在商务英语合同中较常运用，古体语可以体现出庄重、严肃的合同语言特点，如今后（hereafter）、在其中（therein）等。虽然古体语与现代英语规范有一定的出入，但用在严谨、庄重的商务英语合同中却是比较合适的。

2）商务英语合同的翻译技巧具体如下：

第一，明确合同内容目的。翻译商务英语合同主要围绕语际转换展开，这是为了保证原文与译文的一致性，从而让使用不同语言的合同双方都可以明确合同各项条款的含义与要求，以免因合同理解上的偏差而导致后续合同纠纷。基于这一原则，在进行商务英语合同翻译时，译者最好可以从功能翻译理论的视角出发，对在具体翻译过程中出现的问题进行分析，一旦合同中出现词汇、词组、语句存在两种或多种不同的意思时，应立即向合同拟定者进行询问，将该处合同内容的实际含义与目的明确下来，并告知合同双方的负责人，之后再根据这一目的进行后续翻译，同时通过使用单义性词汇、调整或拆分句式等方式来得出译文，以免合同译文与合同原文在含义上出现差异。此外，由于合同中的各项条款都与签订者的利益存在紧密联系，因此合同的翻译者具有特殊的职责，合同的翻译工作必然会对当事人的利益造成间接影响，因此翻译过程中对功能翻译理论、忠诚翻译原则的坚持也是对翻译人员自身职业道德素养的考验。

第二，保证合同译文连贯性。由于商务英语合同文本具有法律效力，所以其词语、句法的使用都必须做到严谨规范，这就不得不重叠使用一些比较重要的词汇来完成表述。英语中的词汇重叠与汉语中的叠词大致相近，一般来说其含义不会过分变化。但是在翻译合同的过程中遇到这些重叠使用的词语，就很有可能使译文变得烦琐冗长，合同双方理解起来也会比较困难。针对这一问题，翻译人员在对商务英语合同进行翻译时，还需坚持连贯性原则，对合同内容进行深入、明确的理解，在确定重复使用词汇并无其他特殊含义的情况下，按照汉语的词语使用习惯来进行翻译，即通过一个词语来表示多个重复使用词汇的相同含义，从而保证译文句子的连贯性 。

第三，准确把握句法特征。鉴于商务英语合同的特殊性，在拟定合同时还需要对不同的句式应用范围进行限制：陈述句一般用于表述合同双方的应得利益或支出，如付款金额、付款时间要求等，而被动句则主要用于对合同双方责任、权利、义务的明确，如货物包装要求、运输方式要求等。因此，在翻译不同类型的句子时，译者要先了解与句子类型相对应的特征与应用范围，然后再选用恰当的汉语句型进行对应翻译。例如，在翻译结构复杂的长句时，由于这类句型在商务英语合同中通常用于说明一些容易产生歧义的权利、义务规定，而在汉语中则基本不会出现这类问题，所以翻译时需要将原文的长句拆分为多个含义明确、结构简单的短句，以便于合同双方理解。

第四，熟悉各类缩略词及其翻译标准。在商务英语合同中，经常会使用一些由简单字母、符号组成的缩略词来表达复杂含义，如FOB为英文Free On Board的首字母缩写，意为离岸价格，而A/R则表示all risks，意为全险。对于翻译人员来说，必须要通过日常积累来熟悉这些缩略词的含义及其翻译标准，才能够保证翻译效率及译文的准确性。

（2）商务英语合同句法的翻译重点。

1）商务英语合同的句法特征。在拟定商务英语合同时，不仅要详细列出双方应该享有的权利，也要指出双方应该承担的义务，所以在选择句型时，一般会选择陈述句、复合或并列的扩展式长句，这是因为这些句型有一定的局限性、较强的客观性，结构上多采用被动句和名词性结构，且多用现在时态和直接表达式。例如：

At USD 20 per carton net FOB DALIAN.

译文：每箱净价20美元，成交条件大连港离岸价。

商务英语合同中需要表述不同的句子关系，这时就可以采用名词化结构，这种情况一般有三种：①of在名词化结构中的作用非常突出，一方面利用它可以连接主谓关系或者动宾关系；另一方面它可以连接含有by的短语，这样就能把复杂的从句变成名词短语。②可以把被动语态转换成名词。③可以将副词与动词看作一个整体，然后将其转换成名词词组。例如：

Delivery on time with the stipulations of the contract is of vital importance.

译文：按照合同规定按时装运是十分重要的。

上面的两个例子体现了名词化结构可以表示不同的句子关系，商务活动总是会存在不少变数，因此在拟定商务英语合同时，不仅要考虑双方应该享有的权利以及应尽的义务，更重要的是，需要将商务活动过程中容易出现的情况一一列明，这就使得条款中会使用大量的条件句，该句型可以将各种情况详细描述出来，有效保证了双方的经济利益。常见的表达方式有if、without、unless、should、provide that、on condition that、in case of、in the event of等。

商务英语合同最典型的句法特征就是语言客观，它将许多短句并列起来，使其共同组成一个复合句，这个复合句能将复杂的内容表达出来，所以这保证了商务合同的全面性，也让合同签订双方的利益得到了保证。

2）商务英语合同句法的翻译技巧具体如下：

第一，长句翻译。涉外合同中经常使用长句。在涉外合同中，会出现大量的长句，这是因为涉外合同需要严谨，而长句叙述的内容比较完整，能将双方的权利与义务关系明确下来。另外，多使用长句也能降低合同内容的烦琐程度，但是，如果长句没有组织好，表意不明确，就会导致误解。

第二，标明合同一方的权利义务，并且词汇的运用也合理，如果在合同中大量使用被动句，那么就能将合同的专业性体现出来，这对于合同的最终达成也非常重要。

涉外合同中被动句的翻译，可以巧妙地将被动语态转换成主动语态。例如，the case in dispute shall then be submitted for arbitration to the Committee.本句出现的被动语态，如果我们按照英文结构直接翻译，显然不是地道的中文。所以，我们在翻译的时候，应采取主动结构，使其符合汉语的表达习惯。故此我们把这句翻译成“将争议提交给委员会进行仲裁”。

又如，In case no settlement can be reached.如果把它译为“如解决协议无法被达成”，显然不是地道的中文，因此一定要翻成主动句“如协商不能解决（分歧）”，这样理解起来就方便多了。

第三，否定句，具体如下：

否定提前。在合同中会存在不少的否定句用来规范双方的行为，通常情况下，英语处理否定的方式有两种，不过这两种方式都是通过调整语序实现的：第一种，可以将否定词放在情态动词或者助动词之后，这样就构成了陈述语序，否定的目的也就达到了；第二种，可以将否定词直接放在句首，调换情态动词或助动词与主语的位置，经过这样的调整，就形成了新的语序，这就是倒装语序，同时，否定的目标也就达到了。而在合同中，关于否定的处理，我们一般都会使用第二种方法。

移项否定。谓语的位置发生变化，将其转移到主语或者宾语的位置上，这就叫移项否定，这样做的主要目的就是加强语气。

第四，抽象名词做主语现象普遍，翻译须转化。在涉外合同中，有大量的抽象名词出现，这既可以使行文凝练，也可以使合同更加严谨。但是在汉语中，却很少有这种抽象名词做主语或者宾语的习惯，为此，在进行涉外合同翻译时，须进行转化，即将英语的某一成分转换为汉语的另一成分，以力求行文的通顺流畅，并具有完整的含义。例如：

Partial shipments shall be allowed upon presentation of the clean set of shipping documents.

译文：分批发货是可以的，但有一个前提条件：需要准备一套清洁的装运单据。

在这里，shipments与partial都实现了词性的转换，shipments在译文中已经被转换成动词，而partial则被转换成了状语。

3. 跨文化视角商务合同翻译的规范性

语言规范性主要体现在三个方面：①能准确使用词汇；②能恰当选择语法；③能使内容变得简洁明了。在商务合同翻译中，语言规范性是非常重要的，毫不夸张地说，它被认为是商务合同翻译的关键。商务合同肯定会存在一些有歧义的句子，这不仅与商务合同的文体特征有关，而且与其语言学特征有关。因此，只有对合同内容进行正确的理解，才能最终取得成功的翻译。很明显，在进行商务合同翻译时，绝对不能出现曲解合同内容的情况。

（1）语言规范性的意义与条件。

1）语言规范性的意义。商务合同翻译需要一定的严谨性，因此在这方面它与法律英语存在共性，不过，商务英语合同翻译毕竟与法律英语翻译不同，根据实际情况，它也有其独特之处。所以，在遵循法律规范的前提下，合同中的信息必须是权威的，这就需要在进行商务合同英语翻译时，必须要对所使用的语言进行有效规范。只有使用的语言具有规范性，合同翻译才会准确。需要指出的是，规范性语言不仅要能避免歧义，而且还需要保证较高的流畅度。

2）语言规范性实现的条件。商务合同翻译要根据合同的具体内容选择合适的单词与词组，只有这样才能最终将合同的内容精确地表达出来。对于任何一种不精确的情况在翻译时都必须完全避免掉。通过下面的例子可以具体说明这一观点。

As there is no direct sailing from Shanghai to your port during April/May，it is imperative for you to delete the clause “by direct steamer” and insert the wording “Partial shipments and transshipment are allowed”。

译文：因为四五月份并没有从上海直接到你方港口的船，所以你们应该将条款中的“只允许直航”改为“允许分批装运和转船装运”。

通过分析可以清楚地发现，这个例子中有一个限定词汇“during April/May”，因此，译者在具体翻译时必须要着重翻译它，一旦将其忽略掉，就有可能导致双方在时间上产生偏差。“it is imperative for”，从这里可以看出，这是一种直接命令的口吻，丝毫没有可以商量的意思。所以在翻译时绝对要准确理解并恰当翻译。可见，译者对商务合同中每一条款内容的理解是非常重要的，一旦理解错误，有时甚至会导致严重的经济损失。

（2）国际商务合同翻译的规范性要求。随着中国市场经济规模的不断扩大，中国企业对国际商务合同翻译的需求也越来越大，在这种经济发展背景之下，译者不仅要掌握扎实的专业知识，而且要能及时掌握商务领域里出现的新词汇，从而使自己一直保持较高的水准。另外，国际商务合同是法律英语的一部分，因此在对其进行翻译时，译者必须要能够掌握足够多的专业国际商务合同术语，且对于某些术语的表达要能做到绝对严谨，只有这样，译者翻译的商务合同才能较好地保护双方的利益。

1）关于语言的要求，具体如下：

第一，用词的准确性。国际商务合同是属于法律文件的，因此，在对其进行翻译时从法律翻译的层面上而言，要根据法律翻译的要求进行商务合同翻译。因此，国际商务合同翻译首先要做到与原文的一致性，这种一致性不仅体现在语言意义的一致性，而且体现在语言结构的一致性。需要注意的是，译者绝对不可以为了追求语言的通俗易懂而擅自更改原文的结构，也不可以对原文进行改写，因为这样很有可能会产生歧义。

第二，语法结构的正确性。通常而言，国际商务合同中所使用的语法结构都是比较严谨的，这样做的目的就是要保证文件内容表述的正确性，但这种严谨的语法结构也使语言关系显得特别复杂，合同内容理解起来也不容易。尽管如此，译者也需要仔细分析复杂的语法结构，只有将这些结构中的关系都弄清楚了，才能保证翻译的准确性。

第三，篇幅、章节的严谨性。语言结构的程式化是国际商务合同中一个比较突出的特征，为了让汉语读者更好地理解合同内容，可以对这种程式化进行弱化，方法为：适当引用汉语语言中的程式语言与句式，这样既彰显了合同的严谨性，也有利于汉语读者的阅读。

2）关于专业的要求。商务合同有着极强的专业性，它涉及的领域也非常广泛，如金融、仓储等，这给译者的翻译带来了较大的难度，译者需要在完全理解内容的基础上分解原文，保证译文与原文的一致性。要从专业技术和法律概念的角度理解词义。当前，经济全球化的到来使国际经济活动更加频繁，不同学科领域之间也实现了前所未有的渗透。因此，在进行国际商务合同翻译时，译者必须要考虑经济活动的领域以及形式，对于可能在经济活动中出现的问题，译者要谨慎处理。一旦译者出现疏忽，就有可能导致因为一个词语的理解不同而使合同双方各执一词的现象出现，甚至最后可能会使双方通过法律途径解决问题。如果因为违反合同而造成另一方的损失，所有经济责任都应当由违反合同的一方承担。

3）关于风格的要求。国际商务合同英语具有实用性特点，且其本身还展现了一定的风格。在具体翻译过程中，为了使译文能与合同原文在表达形式与风格上保持一致，译者可以选择一些符合法律文体要求的词汇或者符合法律规范的习惯用语，这些词汇与习惯用语的使用一方面能让译者更好地理解译文；另一方面能强化译文的文体风格。

第一，在行文上表现出“简练严密、严肃庄重”的特点。在进行翻译时，译者可以选取一些比较正式的词汇，以保证翻译的准确性与得体性，通常会选择一些古词与大词。

第二，“得体”还体现在商务合同本身具有法律性。翻译商务合同时，还要注重翻译的“得体”，为了实现这一目标，译者可以选择一些符合法律规范的惯用语，这样能够保证译文的准确性，同时留住了原文的确切性。

商务英语合同翻译是一件极其复杂的工作，对译者有着较高的要求，要求译者不仅要扎实掌握英语基础理论知识，而且要具备相关专业知识以及法律知识。译者绝对不能望文生义，依靠自己的主观能动性进行翻译。译者也不能畏惧，而是要勇于面对，靠自己的不懈努力提高自己的技能，从而实现更好的翻译。

（二）跨文化视角下的商标翻译

1. 商标翻译的原则

（1）准确的原则。在日常生活中能够看到很多商标，有一些十分成功的商标已经在人们的脑海中根深蒂固，对人们的思想和选择产生了重要的影响，因而译者在翻译商标时一定要仔细揣摩消费者的消费心理以及实际需求，商标在词语的选择上尽量选择那些寓意美好或者令人十分舒服的字眼，从而使消费者能够一眼注意到这个商标，并使消费者愿意进一步了解商标背后的产品，这样才能够达到实际的营销目的。

（2）适应的原则。不同的地区和民族具有不同的风俗习惯、处事原则以及态度等，因而每个人都会在不知不觉之中形成特定的文化感知习惯。这种长时间形成的感知习惯会对人的很多方面产生较大的影响，如人的价值观念、审美标准以及消费选择等。译者在具体的商标翻译实践中必须要遵循适应的原则，即译者在翻译时要充分考虑目的语消费者的语言表达习惯、文化氛围以及审美理念等，而不能把商标的名字直译，直译商标的名字会产生很多难以想象的后果。

（3）简洁的原则。商标名称翻译应该力求简洁，简洁的形式能让消费者一眼就记住，也有助于广告的传播，从而让更多的人认识产品。一般而言，英美国家的很多商标多为两三个音节，所以按照音译法译成中文时比较容易做到节奏连贯自然。但是，比较而言，中文商标由于受汉语发音的影响，音节繁多，如果采取音译法翻译，对英美及其他国家消费者而言，这种商标译名就是看不懂、念不出的一连串符号，无法发挥商标的宣传作用。

（4）等效的原则。在任何一件商品生产、营销、流通的过程中，商标都发挥着十分重要的作用，它能够宣传产品，让更多的人了解这个品牌，加深受众对品牌的认识。好的商标能够强烈地吸引消费者的注意，激发消费者的购买欲望，因而译者在翻译商标的过程中最重要的就是遵循功能对等的原则，即等效的原则。

最初，译者开展翻译工作的主要目的就是使原文与译文在各个方面都保持对等，即保持信息方面的对等、风格方面的对等以及语言方面的对等。人们衡量译者翻译水平的主要依据就是读者阅读译文之后的反映和感受。在商标的翻译中，译者也要重视消费者对商标译名的看法和感受，这样才能符合商标的功能对等原则。从这个层面进行分析，译者在翻译商标的过程中应该遵循等效原则。换言之，译者在翻译商标时需要遵循的指导性原则就是等效原则，即译者在翻译商标时具有较大的自由度，译者要重视商标的语用等效，因而译者在翻译时可以适当变通，不用刻意追求原文商标与译名商标在各个方面都保持对等，那是很难实现的，而且可能会影响商标的翻译效果。

2. 商标翻译的方法

（1）直译法。直译是一种十分常见的翻译方法，而且它主要应用于翻译一些知名的进出口商品的商标。如果译者翻译的商标具有某种特定的内涵或者文化背景，那么译者应该尽量采用直译的方式来翻译这些商标的品牌。

当然，在实际操作中不可机械地使用直译法，产品翻译要研究译入语使用者的喜好和禁忌以及消费者所在国的习俗和文化，因此，在翻译时还应注意根据历史和文化环境灵活地选择翻译方法。

（2）音译法。所谓音译法就是指译者在翻译商标时是根据商标的英文发音来翻译的，使译名与原商标的名字在读音上比较相似，这能够更好地传达其他文化的特征。一般而言，音译法主要应用于翻译外国商标中的人名和地名等。

（3）兼译法。所谓兼译法就是指译者在翻译原有商标的名字时，根据商标不同部分的特征采用不同的翻译方法，如译者可以采用直译的方式来翻译商标的前半部分，之后采用音译或者其他翻译方法来翻译后半部分等。译者采用兼译法的优势是它具有较大的自由度，译者可以根据实际的需求组合采用不同的翻译方法，从而使商品得到更多消费者的认可。在使用兼译法时，应根据品牌所属行业和产品用途，灵活使用直译和音译，也可以利用汉译中常见的音意双关，达到许渊冲提出的“音美、意美、形美”的要求。

（4）意译法。意译法要求译者可以一定程度上脱离源语语言形式和风格的限制，准确传达语言所代表的深层意蕴、挖掘原语的真正内涵。意译法在实际操作中，可以根据实际情况对原文进行省译或增译，以达到完整传递品牌特点和信息的要求。当译者采用省译的方式进行翻译时，译者要恰当地省略原文商标中的若干个词、音节或者是商标中的字母等，这种翻译方式的优点就是译者可以灵活地选择省译的内容，从而使译文看起来工整、逻辑性突出。

（5）借用法。借用法指不加翻译、直接在译文中使用外文的方法。这种方法的优点是避免由于翻译方法和风格产生的误解。需要注意的是，借用法在翻译上更加偏向“归化”与“异化”维度中的“异化”，迎合部分消费者求新求异的心理。因此，借用法在时尚领域非常常见。

3. 跨文化视角下商标翻译中的文化现象

（1）翻译与文化认知。从本质上进行分析，翻译的过程实际上就是语言相互转换的过程，翻译的最终目的就是使不同民族之间的语言、文化等内容能够被不同民族的受众理解和接受。可以从两个层面来剖析翻译的具体过程：第一，从语言的层面进行剖析，翻译的第一步工作就是转换语言，使不同的语言之间进行合理转换；第二，翻译的过程不仅转换语言，还转换不同的文化、审美以及民族传统等。只有这样，翻译的过程才具有意义。

实际上，译者在翻译的过程中不仅要进行语言的转换，还要准确了解和把握不同语言所蕴含的文化内涵，这也是译者在翻译时需要重点把握的内容。具体而言，译者在实际翻译过程中要清楚不同的民族由于地理位置、气候以及发展历史等因素影响具有不同的文化和传统，译者在翻译时要结合具体的文化进行翻译，必须考虑文化的多样性，这样才能不断提高翻译的质量，达到翻译的目的。

（2）文化差异的表现分析具体如下：

第一，文化的核心价值和心理。中西方的文化差异表现在很多方面，这种差异主要表现在文化的核心价值以及心理层面。每个国家在漫长的历史发展中形成了悠久的文化和独特的价值观等。

第二，语言习惯。不同的民族都有其独特的语言，即使在一个国家，不同的民族也会使用不同的语言。译者在翻译语言的同时，实际上也在学习和了解不同的文化。例如，有一些在中国十分畅销的国产商品，当它打入国际市场，有时却难以取得令人满意的销售业绩，这有很大一部分的原因就是译者没有充分了解不同语言背后的文化因素，因而译者在翻译时要重视不同民族的语言习惯因素。

第三，颜色的文化差异。在不同民族的文化中，颜色也是一种重要的文化现象。然而不同的国家往往会赋予颜色不同的文化内涵，而且这种颜色文化的差异十分明显。

（3）文化差异对商标翻译的影响具体如下：

第一，思维方式差异对商标翻译的影响。中国和西方各个国家之间的文化存在较大的差异，尤其是中西方的思维方式也存在较大的差异，西方人的思维更加倾向于抽象思维，西方人更加愿意接受比较抽象化的事物，所以译者在翻译过程中要重视东西方人思维上的差异，从而避免出现文化的冲突和消极的影响。在具体的商标翻译实践中，当译者把英语的商标翻译为中文的商标时，一定要把商标进行感性处理，从而使中文的商标更加符合中国人的思维方式。

第二，社会价值观差异对商标翻译的影响。中西方文化之间的差异不仅体现在思维方式的层面，它还体现在社会价值观层面，因而译者在翻译商标时不能只看商标语的字面意思，还要考虑社会价值观等因素对商标翻译的影响。

总而言之，在企业以及品牌的营销中，商标发挥着十分重要的作用，译者在翻译商标时要综合考虑多种因素，这样才能使商标更加符合当地人的心理，受到当地人的追捧。

（4）商标翻译中的基本文化原则具体如下：

第一，语境原则。在跨文化翻译的过程中，译者应该多考虑文本所处的具体语境，只有对语境进行深入分析，才能明确交际双方的具体任务，从而做好语言的转换工作。但是对于一些译者而言，他们在翻译时却往往不注重文化语境，翻译的程度不够，有时甚至会导致误译。有些译者过于追求句法的完美，却脱离了固定的语境，这显然也是不利于提高译文质量的。在翻译的时候，语境因素是非常重要的，所以在具体的翻译实践中，译者应该重视对语境的翻译。

第二，意义原则。处于不同文化背景下的人对同一个事物的认识与理解是不同的，所以在进行跨文化交际时必须清楚地表达出自己的意思，并且在表达的时候应该充分考虑语境因素，实现意义的对等转换。

在翻译商标的时候，译者应该注重将原商标的意思展示出来，同时应该考虑具体的语境因素，尽量实现原商标与翻译商标意义的对等。在跨文化交际的过程中，人们希望通过使用不同的语言，从而达到意义上的“融和”，因此在翻译商标的时候，对译者的要求就会更高一些。

第三，禁忌原则。由于人们所处的文化背景不同，不同的文化有自己独特的禁忌，在翻译商标时就应该注意文化禁忌，如果一个译者不清楚某个地方的禁忌的话，显然会影响产品的销路，甚至会出现群体抵制这种产品的现象，这就会伤害彼此之间的情感。在跨文化交际的过程中，交际双方应该对彼此的禁忌有更清晰的了解，从而让产品拥有更好的销路。

（5）商标翻译的常用方法具体如下：

第一，符合目标市场的文化特点。不同国家的人拥有不同的文化背景以及消费习惯，同时他们对事物的理解程度也是不同的，译者在进行商标翻译时，不能单纯地依靠自己的主观臆断，而是应该从目标市场的文化出发，考虑译文是否符合目标市场文化，这样商标的翻译才具备合理性，才能帮助企业创造较大的经济效益。

第二，符合目标消费者的审美情趣。在我国，我们在表达美好祝愿的时候，经常会用到“福”这个字，不管是“幸福”“福气”“福字”等都表达着一种美好的寓意；而西方人有着很多神话，他们非常崇尚这些神，所以经常用神的名字命名，“Pandora”（潘多拉）就是最具代表性的例子。

第三，符合目标市场的表达习惯。在价值蕴含与数字表达上，东西方也有着显著的差异。东西方对同一个数字“13”的理解就有着明显的不同，在西方人看来，13是一个非常不好的数字，非常不吉利，但是在中国的文化中，这个词并没有哪些不同。

4. 跨文化视角下文化差异与商标翻译的语用失误

在翻译商标的时候，译者应该注意避免出现语用失误，如果出现这种错误就会影响预期效果的达成。语言总是在特定的语境之下使用的，所以在翻译的时候，译者应该结合文本的具体语境进行翻译。从本质上而言，商标也是一种社会用语，尽管交际双方在心理上对环境的认知并不相同，但是通过翻译这座桥梁，就可以将原文的意思准确地表达出来，从而避免语用失误的出现。

（1）语用失误的表现，具体如下：

第一，片面的字面翻译造成语用失误。商标的翻译与文学作品或者法律文本等的翻译都是有很大差异的，在翻译商标品牌时就应该重视用词的简洁性，并且保证语言表达的完整性，从而给人提供更加全面的信息。

第二，违反消费心理引起语用失误。一个优秀的商标具有劝导的作用，能够让消费者自愿买单，所以，在翻译商标时应该尽量避免使用那些有不好联想意义的单词。

第三，文化差异引起语用失误。中西方的文化不同，词语所承载的文化意义也不同，在不同的文化氛围中，人们会对语义有不同的联想。日常生活中，我们会借物喻义。在不同的民族中，这种情况都会出现，但是由于不同民族的人对事物的偏爱程度是不同的，所以会产生不同的情感反应。

（2）商标翻译的语用策略。在识别商品的时候，往往会用到商标，商标对人们的日常生活会产生深远的影响。如果产品拥有一个良好的商标，那么就会帮助其打开销路，甚至会风行全球；如果商标的名字不好，则会让产品一蹶不振，影响其销量。

第一，突出商标的表意功能。在翻译商标的时候，应该明确商标的表意功能，只有这样才能树立商标的形象，体现出商品的特色。

第二，展示民族文化，把握联想意义。我们可以将商标看成展示自己民族文化的一个窗口，通过展示可以促进中西方文化的交流。在翻译商标时应该尽量凸显出民族的风格，并且展示出民族的特色，从而加深消费者对商标的了解程度，进而增加购买意愿。

第三，取吉求利，迎合消费心理。一个好的商标名，能够对消费者的心理产生极大的影响。为了让商标拥有一个更好的译名，在翻译时译者就应该仔细斟酌，从而选择出一个最好的词语。

第四，切准市场定位，追求新的商业观念。在一定程度上，商标能够反映出商品的定位以及消费群体，所以在翻译商标时应该立足于商品的销售对象，从他们的立场与喜好出发进行翻译，这样就可起到促进销售的作用。

第五，注意文化移情，符合审美心理。在翻译商标的时候，译者应该秉承“易读易记”的翻译原则，一般而言，汉译的商标可以采用两个字或者三个字，这种翻译方式是比较常见的。

总而言之，在不同的文化背景下，人们对同一种事物的看法是不同的，那么能否跨越文化障碍成功进行翻译就是译者所必须着重考虑的问题，这显然会影响产品的销量，所以从社会学的角度出发进行考虑，提高民众的社会语用水平是非常重要的。

（三）跨文化视角下的商务信函翻译

1. 商务信函的格式与要素

（1）商务信函的格式。了解商务信函的格式，是书写商务信函的第一步，对于翻译人员也是必要的。一般而言，商务信函的格式主要有三种：①齐头式要求信件格式的对应性，便于打字，不易出错，美国人采用较多；

②缩进式要求信内地址各行依次往右缩进，正文各段落首词向右缩进5个字母，签名部分顺次靠右，其优点是各部分信息清晰，易于阅读，英国人采用较多。③改良齐头式则是结合了齐头式和缩进式两者的优点。但是，不管是哪种格式，不同的部分都以空行的方式隔开。

（2）商务信函的基本要素。具体如下：

1）信头部分（Letterhead/Heading）。

第一，信头部分要有发信人的地址。如使用公司印好的信笺纸，公司的名称、地址、电话号码、邮箱、传真等信息都是现成的。若要自己书写，则应该按照约定的顺序，这个顺序为门牌号码—街道—城市—国名。如果要是与自己非常熟悉的人联系，地址就可以省略。

第二，日期：①美式写法，月/日/年，如“November 12，2022”；②英式写法，日/月/年，如“12th November 2022”。需要注意的是，不要全部用数字来书写日期。

第三，参考文号。文号或编号的作用是将前一封信件与该回复联系起来，确保信件准确地送达相关部门和人员手中。在信头的下方，信内地址的上方，一般都会留有Ref No.的空位。

2）开头部分（Opening）。

第一，收件人及地址。收件人地址包括的内容非常丰富，有收件人姓名、公司名称、城市名、邮政编码等，不过，这并不意味着所有的内容都必须写上，书写者可以根据具体情况自行选择。

第二，经办人。经办人有多种写法：MS. Jane Harper；Attention：The Sales Manager。如果收件人地址上已写明，就不用加写这一行。此外，Attention的对象应与信封上的收信人相同。

第三，称谓。称谓即写信人对收信人的称呼。不知对方的性别，那就写“Ladies and Gentlemen”或“Dear Sir or Madam”。

3）正文部分（Body）。

第一，主旨。信函的称谓下面可以加上一行“主旨”，作为信件的标题。加上主旨有助于读者立刻了解信件的主题。主旨必须简明扼要，让人一目了然。主旨的写法有：

Re：Information Technologies Conference

Subject：Information Technologies Conference

SUBJECT：Information Technologies Conference

第二，信件正文。信件由很多要素组成，信件正文是信件最主要的内容，包括开头语、正文、结束语等。书写时要注意将信息有效地传达给对方。

4）结尾部分（Closing）。

第一，结尾敬辞（Complimentary Close）。需要在结尾处的敬辞后面加上逗号，同时敬辞的第一个字母必须大写。需要指出的是，还有一种收件人姓名不明确的情况，这时书写者就可以采取格式：Dear Sir/Madam。如果知道收件人的姓名，则可以使用以下格式：Yours sincerely/Yours truly。

第二，亲笔签名（Hand-written signature）。采用亲笔签名一是为了表明信件的执笔者愿意为信件的内容承担责任；二是为了防止他人冒名顶替。

第三，公司或职位（打字），即Title（typed）。如果以公司的名义签署信件，则应先打上公司的名称，用大写字母，然后是公司授权人名，再打上其头衔。例如，PAN AMERCIAN ELECTRONIC CORPORATION/Robert B Lodge（Signed）。若公司没有授权该人签署信函，则在名字前加By或Per，或者在公司名称前加For。

第四，鉴别符号（写信人和打字者的姓名缩写）（Identification initials）。如果打字者与执笔人并不是同一人，就应该取其姓名的首字母进行缩写。

第五，附件（Enclosure；Enc.；Encl.）。如果只有一个附件就可以用Encl.来表示，如果有多个附件，则用以下表示方式：Enclosures（3）；Enc.（3）。

第六，抄送（Carbon Copy；C.C.）。若信件要送给收件人之外的其他人，则将该人姓名或部门写在后面。

第七，附言（Postscript；PS.）。补充叙述附加项目时可以使用，但有时却是要提醒对方注意。附言部分一般放在C.C.的后面。没有特别需要补充和提醒注意的项目时，尽量避免使用。

通过分析以上商务信函的基本要素，可以看出收件人地址、寄件人地址、称呼、签名等这几项都是必不可少的要素，其他部分则应该根据具体的情况进行应对，一般来说收件人和寄件人的地址都应该写在信封上。

2. 商务信函的语言特点

商务英语信函与一般书信有共性，但由于其又具有一定的特殊性，因而从性质上而言，它又兼具公务与法律文书的特点，用词上多使用书面语、专业词汇、缩略词；句式上具有严密准确、礼貌体谅的特征，表现在语言结构上就是大多使用结构复杂完整的长句、被动句及委婉、礼貌的句式等，语言表达程式化。

（1）商务英语信函的词汇特征，具体如下：

第一，多用专业词汇。商务活动是比较正式的活动，这使得商务英语也非常正式，所以它的专业性非常强，对于词汇的选择要求极高，要求词汇非常精确。因此商务英语中充斥着大量的专业词汇，且这些词汇在具体的商务语境中还存在不少特殊的用法。由于商务信函是对外的，它具有涉外性质，所以要求专业术语的意思必须固定，只有这样才能保证所有人都清楚词汇的含义。例如，coverage在商务英语中是险别的意思，而premium在商务英语中则是保险费的意思。

第二，大量使用缩略词。例如，In view of the amount of this transaction being very small， we are prepared to accept payment by D/P at sight（at 60 days sight）for the value of the goods shipped.（因为这笔交易的金额并不大，因此，我们可接受使用即期付款交单的方式来支付货款，也可以接受60天的远期付款交单的方式。）

付款交单（D/P）在商务英语中是一个专业术语，它是“documents against payment”的缩写，这是国际上普遍认可的一种支付方式。这种方式具体的操作程序为：当所有的票款付清之后，单据交给付款人，这种方式在商务经济活动中经常使用，因为它有效地维护了卖方，降低卖方的风险。

第三，多用书面语。在商务活动的每一个环节中都存在商务信函，商务信函具有严谨性、严肃性，它既具有法律文体的特性，又具有公文文体的特性。所以，在词汇的选择上，一般不使用口语词汇和一些基本词汇，多用书面词汇代替它们。例如，可以用dispatch代替send。另外，还经常使用短语将一些比较简单的介词与连词替代下来，这样就增加了句式的严谨性。

第四，多采用礼貌、委婉语。商务活动开展的目的就是要实现商务合作，使交易双方都能达成自己的利益目标，所以他们会利用商务信函来增进商务关系。同时，交易双方一定要注重信函的语气，语气要婉转，这样才能营造一个和谐的合作氛围，增进彼此的情感。即使是在人们日常的生活交流中，礼貌都会让人心情舒畅，因此对于企业来说，在商务信函中保持足够的礼貌是有利于企业形象的树立与维护的，更重要的是，良好的企业形象还能促进贸易关系的快速建立以及持续。

在商务信函中，委婉语被经常使用，一方面使用委婉语可以较为委婉地拒绝对方的要求，同时也不会使双方关系闹僵；另一方面能使双方继续保持良好的贸易关系。因此，在商务信函中，双方要注意用词礼貌、委婉，使彼此都能感受到合作的诚意，从而促进商务合作的高效实现。

（2）商务英语信函的句法特征，具体如下：

第一，多用陈述句。商务英语信函的双方是在同一种经济活动中存在的贸易伙伴，两者从地位上而言是平等的，当一方想要另一方做出某些改变时，其通常会用陈述句来表达。在商务英语信函中，陈述句的使用非常普遍，它一般会呈现两方面的内容：一是单纯地论述一个事实；二是表达写信人自己的看法。陈述句在商务英语信函中的重要性还体现在不少商务文件中，它都广泛存在，如投诉、报盘、招标合同等。

第二，适当使用祈使句。在商务信函中还可以使用祈使句，祈使句不仅能表示请求，也可以表示劝告与命令等，祈使句的使用能提高对方的接受度。在商务信函中使用陈述句来向对方提出要求，可能会让对方的接受程度较低，因为陈述句总是会给人一种直接、生硬的感觉，这时就可以用“Please”的祈使句，这样既可以让表述变得非常简洁，也更加礼貌。

写信人除了可以使用祈使句向对方提出建议与要求外，也可以使用疑问句表达，而且，在表达礼貌的程度上，疑问句要优于祈使句。所以，从使用的频率来讲，疑问句要比疑问句的使用频率大。

感叹句虽然能在程度上增强语气，强化表达效果，但是因为商务信函具有严谨性，又重视客观表达，所以感叹句并未在商务信函中大量使用。

第三，多用复合句。商务信函主要是为了最后的合同签订进行提前的沟通，所以商务信函涉及的内容非常多，又力求细节，这就要求商务信函必须格式规范、措辞严谨。复合句和并列句能保证格式的规范以及措辞的严谨，所以在商务信函中经常被使用。复合句与简单句有着显著的差异，从结构层面上而言，复合句的结构相对要复杂一些，因而其往往表达比较严谨的内容；而简单句的结构相对来说比较简单，通常用它来表达一些简洁的内容。

我们不能有这样一个错误的认知，认为商务信函追求的是复杂、合句，句式越复杂，信函的质量就越高。实际上，复合句与简单句在商务信函中是同时存在的。在商务信函中，也需要使用简单句，只有复合句与简单句的结合才能让商务信函的书写更加合理、规范。

第四，常用并列结构。商务信函中也充斥着不少并列结构，一般而言，这种并列结构需要一些连接词汇进行连接，如and或or等词。并列结构能让不同词汇之间的词义得到很好的补充，因此能让商务信函的意思表达更加精确，容易为人所理解。

第五，适当使用虚拟语气。虚拟语气可以表达不同的内容，因此写商务信函的人经常使用，它不仅可以表达假设、愿望，而且可以表达请求与建议。

商务英语信函中可以表达虚拟语气的词汇有很多，一般常用的主要有wish、could等，这些词汇在积极引导虚拟语气的同时，也表达出了一种委婉的请求。所以，在商务英语信函中使用虚拟语气是必要的，它有利于促进业务的往来。

第六，巧用疑问句。疑问句通常是以听话人的角度发出的，由于其能够展现出向对方征求意见的口吻，所以会比直接命令或要求更加有礼貌、委婉，而且这种疑问句不仅可以将说话人想要表达的意思完整叙述出来，还能给听话人留下表达的空间。

一般而言，疑问句中运用的不同词汇或者短语结构会出现不同的表达效果。例如，“Could you...”就表示说话人在表示请求或者询问对方，而“Might you...”相对而言就比较礼貌一些，听话人听了之后就会非常舒服。

3. 商务信函的常用翻译方法

（1）术语翻译规范。商务活动是一种极为复杂的活动，因此商务信函在描述商务活动的各个环节时并不容易，它需要涉及许多内容，不仅要涉及各种各样的单据，还要涉及各种各样的协议与合同等，从这个层面来说，其就不可避免地涉及商业与贸易领域的术语。例如，proforma invoice——形式发票；Quotation——报价；CIF——到岸价；letter of credit——信用证；invisible trade——无形贸易。

（2）翻译要贴切再现原文的语气。因为商务信函是一种公函语体，所以在词汇、句式选择上要格外严谨，语气上也要更加委婉，需要传递出一种礼貌的氛围。因此对于商务信函的翻译而言，其不仅要保证翻译内容的准确性，翻译语句的流畅性，而且要保证译文符合商务信函的特征。因此，在商务信函写作中，礼貌用语和客气措辞就会使用得非常频繁。一方面，使用礼貌的语言和得体的措辞能够给对方留下良好的印象，创造良好的交流氛围；另一方面，公司形象对于公司的长远发展是非常重要的，因此在商务信函中保持足够的礼貌有利于给贸易伙伴留下好印象，从而有利于贸易的达成，有利于企业形象的建构。

需要注意的是，在具体的商务信函翻译中，有些内容是可以遵循译入语的习惯的，这样可以保证译入语读者能顺畅阅读商务信函，也可以恰当、得体地再现原信函的礼貌语气。不过，这些内容是有选择的，一般为表示感谢、歉意的内容，或者是已经在经贸活动中为大家所熟知的一些行业内容。

（3）商务信函文体的再现。一般而言，商务信函讲究语言简明扼要，语义要求完整、清晰。 但是，由于交流者、双方关系亲密程度、信函内容等的不同，商务信函往往呈现不同的文体特点。例如，收发函双方关系往往影响商务信函遣词造句的特点：信函的文体体现双方关系，关系越生疏，语言越严谨，格式越讲究；关系越密切，语言和格式就显得更随意些。读者往往可以通过商务信函的语言特色、称呼和信件结束语管窥信函交流双方的关系。

4. 语用学视角下商务英语信函翻译研究

在信息技术发达的新时代，商务实践活动的信息传达也实现了新的突破，电子邮件这种新的信息传达方式开始为人们所重视，但这并不意味着信件传达的衰败，恰恰正是由于电子邮件等新方式的存在，才使信件传达在今天展现出了勃勃生机，人们在工作中需要传递的一些重要文件通常还是会使用信件进行传达，如报盘、发盘、索赔等。不过，这些重要的文件在翻译时容易出现问题，若文件翻译不准确就容易使其失去原有的作用，面对这种情况，我们需要对商务英语信函翻译进行必要的调整，调整的方向可以是语用学视角。

（1）语用学与翻译的关系。语言是一个系统，它主要由句法、语义、语用三个方面组成。从语言三个要素出发形成了三种不同的学科，即法学、语义学与语用学，这三种学科的研究都实现了较大的发展，其中，语用学的研究成果最为丰富，也最为突出。

翻译能让不同语言使用者之间进行顺畅交流，这表明，翻译具有较强的交际功能属性。在具体翻译实践活动中，尤其是在商务英语翻译实践活动中，贸易双方为了各自利益所表现出的所有言语行为都可以用语用学的基本原理进行解释，换言之，语用学已经成了一种解释商务英语翻译活动的重要工具，这在一定程度上说明了语用学不仅具有理论研究价值，而且具有较高的实用价值。

从语言的角度剖析可见，语用学与翻译有着非常紧密的关系，因为语用语境中包含的许多要素都是英语翻译活动中需要格外注意的影响因素。例如，非语用语境中的交际时间、地点与人物等因素就是译者在进行翻译时需要考虑的因素，且这些内容在具体的翻译活动中都会有所体现。

从上述分析可知，翻译活动非常注重交际的效果，认为交际双方理解上的偏差不应存在，追求的是一种理想的翻译效果。语用学原理可以帮助翻译实现这一目标，语用学与翻译相结合，将译者与读者有机联系起来，这给翻译实践活动，尤其是跨文化视角下的商务英语翻译实践活动提供了必要的指导。

（2）语用学视角下的商务英语信函翻译原则。语用学包括很多内涵，其中意义是其核心概念。各种各样的语用学定义都包含两部分非常基本的内容：一个是意义；另一个是语境。可见，若商务英语信函翻译以意义为中心，那么，译者就应该熟练掌握以下翻译原则：

第一，严谨性原则。跨文化视角下商务英语信函必须遵守的一个原则就是严谨性原则，这是因为商务活动极其复杂，而商务信函中所书写的内容恰恰都反映商务活动的各个环节，与商务活动各方有着密切的联系，一旦出现错误，就会造成各方争议，严重的甚至会使各方在经济上产生纠纷。例如，商务信函中列出的数字与日期要绝对准确，当表示日期的前一天为合同彻底结束的时间时可以选择使用“before”这个词。此外，为了让商务信函显得非常庄重、严谨，在翻译时也要注意选择合适的词汇，如可以选择hereafter、hereof等词。

第二，礼貌性原则。商务活动中保持足够的礼貌是基本，这种礼貌不仅要体现在面对面的交流中，而且要体现在日常的信件往来中。因此，商务英语信函翻译也应当遵循礼貌原则，双方要始终坚定和善的思想，在保证礼貌的前提下顺利，愉悦地完成商务活动。

第三，专业性原则。跨文化视角下商务英语信函翻译涉及的商务环节众多，因此涉及的专业术语也颇多，这对译者的翻译提出了较高的要求，要求译者对商务英语信函翻译中经常使用的专业术语做到全面掌握，在翻译时才能以一种恰当的方式表述出来。例如“beneficiaries”这个词，它其实是一个法律意义上的词汇，其意思为“受益人”，这样翻译是非常规范的，如果翻译成别的，就显得不那么专业了，也不符合商务信函的文体特征。

（3）语用学视角下的商务英语信函翻译策略。为了进一步验证基于语用学原理的商务英语信函翻译原则的合理性，译者在翻译过程中，还需要格外重视以下翻译策略：

1）语义信息的准确与对等。从语用学视角进行商务英语信函翻译活动，首先需要做到的就是保证语义信息的准确对等，只有做到这一点，译者才能将原文的信息准确传递给译文读者，也才能实现双方的准确沟通与交流。一般而言，原文与译入语的信息准确对等包括以下三部分内容：

第一，在翻译过程中遇到专业术语时，译者切不可随意处理，而是要遵循一定的翻译原则进行翻译，倘若译者无法独立做到正确的翻译，其可以查阅一些专业数据，如“shipping advice”，如果用在与航运业务有关的商务信函中，就会有其对应的意思，表明它是一个专业性极强的术语，译者如果无法对这些专业术语有足够的了解，那么极有可能会将这个词语翻译成“装运建议”，这就造成了翻译的错误，同时也影响了阅读与理解。

第二，对于商务英语信函中的一些重要信息细节，翻译时必须做到绝对的准确，如日期、货品数量等都需要准确，一旦出现错误，就会导致很大的麻烦，严重的甚至会出现经济纠纷，需要付诸法律途径来解决。

第三，在选择词汇时一定要注意歧义问题。在商务英语信函翻译中，词汇的意思与其一般意思有明显的差别，译者究竟选择哪种含义需要根据上下文的语境确定，从而有效避免歧义。

2）语言差异的注意与规避。英汉两种语言形成的背景不同，所处的文化环境不同，因此二者呈现出了显著的差异，在具体的翻译过程中，译者应该以语用学的基本原理为指导，结合其特点进行转换，这样就能实现更好的翻译。例如，英汉两种语言在表达语序上存在差异，英语的叙述特点为先总结再叙述，而汉语则是先叙述再总结，这是中西方思维方式的不同导致的。

此外，英语句子在表述时也呈现出了自身的特点，英语的句子一般都是句首相对比较封闭，而句尾则比较开放，这明显与汉语句子表达不一样。在语法方面，英汉两种语言也有不少差异，英语多使用被动语态，而汉语句子多为无主句。英汉语言差异众多，译者需要在全面掌握英汉语言差异的前提下，从语用学的角度出发，进行商务英语信函翻译。

3）文化差异的认知与调整。我们接触语言，能直观了解到其表情达意的功能。除此之外，由于语言是在一定文化土壤中孕育的，所以我们了解语言还需要熟知其文化背景。进行商务英语信函翻译的相关人员参与的是一项文化活动，他们也就成了中西方文化交流的媒介，因此其必须要对英汉两种语言与文化有足够的了解，只有这样，他们才能进行更好的翻译。

第一，英汉两种语言在表述人名时差异明显，英语人名是先名后姓，而汉语人名则是先姓后名，因此，译者在翻译商务英语信函时，必须要注意到两种语言的差异，注意人名翻译的顺序。

第二，英汉两种语言在表述地名时也有所不同，由于地名与贸易各方所处的位置有关，因此，在进行翻译时，译者必须要慎重，就是遇到一些特殊情况，如大地名与小地名连用时，英汉两种语言的语序要保证准确，英语的顺序为由小到大，而汉语的顺序则为由大到小，这种地名翻译顺序至关重要，一旦翻译错误，就可能会带来误解。

第三，公司名的翻译在商务英语信函翻译中也很重要，公司的类别不同，其在翻译时选用的词汇也就不同。一般而言，代理公司用的是“Agency”，服务型公司用的是“Service”，而到了具体的公司名称中，其也会包括一些共性词汇，如“joint”“integrated”等。需要特别指出的是，在共性之外还是有细微差异存在的，这些细微的差异才是决定公司名称翻译成败的关键，需要译者格外注意。

随着全球化进程的不断推进，国际贸易繁荣发展过程中，商务英语信函扮演了重要的角色。它内容丰富，不仅包括大量的商务词汇、专业术语，而且包括各种固定表达等，正是这些内容将浓厚的商业氛围凸显了出来。因此，为了进一步丰富商务英语翻译的理论知识，推动国际贸易的发展，我们可以从语用学的视角出发，对商务英语信函翻译进行深入探究。

5. 跨文化视角下商务英语信函的翻译美学

随着中国与世界经济实现深入接轨，中国社会对商务英语翻译的需求不断增加。商务活动必然会涉及商务信函，它是进行商务活动交流的中介，利用商务信函，交易双方可以就大家共同关心的问题进行探讨，以此促进商务合同的签订。虽然商务信函最基本的特征是严谨性，但是除此之外，其还具有一定的审美。换言之，从美学层面上认识信函，是必要的，也是可行的。

（1）商务英语信函的特点及翻译标准，具体如下：

1）商务英语信函的特点。

第一，商务英语信函具有很强的专业性。商务英语信函中往往会包含大量的涉及商业的专有词汇，如果不了解这些词汇在商务语境中的真正意思，就有可能造成对商务伙伴的误解，最后有可能导致商务合作的失败。因此，在进行商务信函阅读与写作时，必须要掌握足够的商务英语词汇，而且不能将对这些词汇的理解停留在表面，需要深入到词汇背后的文化含义，从而做到对商务英语词汇的真正理解。另外，翻译人员还需要扎实掌握各种商务知识。

第二，商务英语信函具有极强的目的性。因为商务信函的篇幅不大，为了让商务伙伴清楚地了解自己的想法，就需要用言简意赅的文字突出自己的诉求与合作的主题，这就是商务信函目的性的体现。也正因如此，书写者在书写的过程中必须注意严谨性，用词准确，结构规范，注意将合作的主题、重点表达出来。

第三，商务英语信函具备准确性。信函需要在用词上保证准确性，除此之外还需要保证其中的数据、结果等的准确性。书写者在书写过程中不能加入主观臆断，而是要遵守商务原则与格式规范。

2）商务英语信函的翻译标准。商务英语信函的功能主要体现在两个方面，一个是传递信息；另一个是宣传。基于这两个功能，在制定翻译标准时要做到以下方面：

第一，在书写信函时要绝对按照信函的标准进行。按照信函的格式规范进行书写，同时，还要表现出一定的礼貌，这就要求书写者既要了解英语这门语言，还要了解语言背后的西方文化。

第二，在书写时要遵循广告营销标准。通常情况下，为了能使产品被对方所认可，一些商务英语信函中会添加些许广告，这些广告能帮助双方建立长久的合作关系。所以，译者在保证遵循信函标准的基础上，需要清楚了解一些广告营销的标准，以便书写时能达到最大的广告营销效果，促使交易双方有强烈的商务合作意愿。

（2）商务英语翻译美学价值。商务英语翻译具有一定的美学价值，主要体现在以下方面：

第一，规范化。商务英语翻译美学的前提是规范，因为它通常情况下会被用于信函以及合约等正式文本中，所以其必须具备一定的严谨性与专业性，而这需要其在格式上保证规范，在用词上绝对准确。译者绝对不能擅自更改原文作者已经定下的内容，要在保证表达准确的基础上服从原文作者的意愿。因为一旦翻译有误，就有可能造成商务合作的失败。

第二，婉转化。商务英语翻译美学还具有婉转化价值：①译者在选择词汇时考虑了礼貌与诚信问题，所以最后呈现出来的文本语言特别婉转。这是译者自身文化底蕴的体现，所以，这一价值是商务英语中比较特殊的美学价值。②语言的运用重视优美性，婉转的表达方式能给对方一种轻松、舒适的阅读感受。

第三，简约化。为了让交际与阅读变得简单，商务英语翻译一般会非常强调文字的简约性，这并不意味着内容的缺失和形式简单，表达的重点内容依然不会少。 这种简约性通常包括两方面的内容：一种是句式简约；另一种是词汇简约。要恰当使用复合词、缩略词，尽量规避比较复杂的词汇与句子。

（3）商务英语翻译美学运用策略，具体如下：

第一，文化差异融合。中西方文化有着天壤之别，所以商务英语信函翻译必须要格外重视这种差异性，以确保翻译的准确性。另外，如果需要在信函中添加广告，还需要注意中西方的广告文化，西方广告文化比较开放，这就要求译者注意结合中国文化对广告进行恰当的翻译，以提高中国人的接受度。

信函表达的内容不同，其翻译的方式也会不同。例如，如果合作双方的合作意愿比较强烈，译者就需要选取合适的词汇与语句将这种意愿表达出来，并且还需要结合对方的文化习俗进行，这样翻译出来的译文会符合对方的审美情趣，更重要的是，还能增强对对方的说服力，使其同样具有较强的合作意向。

第二，突出重点。人们在阅读信函时往往都是看一个大概，直奔重点内容，所以，在书写信函时必须要考虑这一问题，尽量不要用复杂的句式，应该尽量表达简洁；对于重点内容，可以在标题或者正文的开头处直接表述出来，这样做的目的就是使看信函的人能立刻抓住重点，提起对信函的兴趣。信函中难免会包括一些直接的诉求，在表达这部分内容时一定要注意措辞，以免看信函的人产生不适感。

另外，商务信函在表达意愿时通常会使用比较长的句子，这一点尤其在由汉字书写的信函中体现出来。因此，译者可以对原文中冗长的句子进行拆分，拆分成几个短句之后就能更好地翻译，而且拆分后的短句可以进一步凸显信函的重点内容，方便阅读。

需要注意的是，译者要合理使用翻译技巧与策略，在翻译时如果无法将原文的意思用译入语表现出来，就可适当添加一些内容以补充信函的意思。

第三，措辞优美。中西方语言中都存在一种特殊的文体——文言体。在具体的信函书写时，译者可以使用文言体，这是因为文言体更能体现语言的优美。所以，译者需要扎实掌握英语与汉语的文言体，并在翻译过程中灵活使用，既保证信函的简洁，又保证信函的优美。

第四，运用模糊语。信函不仅能将合作的意愿表达出来，而且有交流的作用。所以，原文本中总是会有一部分与商务合作无关的增进感情的内容。译者可以对文本进行模糊化处理，但是需要满足两个条件，一个是要以正确的翻译理论为指导，另一个是要征得原作者的同意。例如，在表达“较多”的含义时，译者没有必要将具体的数字描述出来，无关数字过多会使文本看起来复杂，同时增加了读者阅读的障碍。所以这种情况下可以用模糊语来代替，可以在文本中使用“Much、Many”等词语。

随着中国对外贸易体量的变大，中国社会越来越需要大量的、高质量的跨文化视域下的商务英语翻译人才。商务英语翻译除了要遵循基本的规范之外，还需要保留一定的美学价值，这能促进商务合作伙伴之间的友好交流。因此，在进行商务英语信函翻译时，译者也应该注意这一问题，在表达尊重与礼貌的同时，展现商务英语信函的美学价值。

【思考与练习】

1. 语义结构包含哪三层关系，请简述。

2. On Sunday I have a thousand and one things to do.（星期天我有许多事情要做。）请问此翻译运用的是直译法还是意译法，并做分析。

3. 跨文化视角下商务英语翻译要遵循哪些原则？

【参考答案】

参考答案1：语义结构包含三层关系：①认知关系——观念相对于事物的关系；②表达关系——语言相对于观念的关系；③语义关系——语言相对于外在事物的关系。

参考答案2：意译法。由于英汉夸张的表现手法和表达习惯有着很大的差异，所以不能机械地照搬原文，有时需要采用意译法对原文进行适当的处理，以使译文通顺易懂，符合译入语的表达习惯。

参考答案3：跨文化视角下商务英语翻译原则主要包括：①忠实性原则。忠实性原则在跨文化视角下商务英语翻译中占据十分重要的地位，它也是译者在翻译商务英语过程中必须遵守的原则。②准确性原则。准确性原则也是译者在跨文化视角下翻译商务英语过程中必须遵循的原则，这一原则的主题就是准确。③通顺性原则。无论是跨文化视角下的商务英语翻译还是其他形式的语言翻译，都必须遵循通顺性原则。

第六章　跨文化交际能力的培养

第一节　交际能力和跨文化交际能力

一、交际能力

“交际能力”这一概念最初源于社会学，后来延伸到语言学。美国人海姆斯在《论交际能力》中第一次提出“交际能力”。海姆斯在提出这一概念时侧重语言的得体性，也就是在使用语言时应该更注意符合具体社会环境的要求，即时间、地点、交际对象、内容以及谈话方式等。交际能力应包含四个方面的内容：①语法的正确性，即语言形式要正确；②语言的可行性，即交际对象在心理上的接受度；③语言的得体性，即交谈时要根据具体环境和对象选择得体的语言；④语言的现实性，指语言实现其交际功能并产生相应的影响。

随着交际能力概念的提出，语言学家对交际能力发表了各自不同的看法。其中具有影响力和代表性的人物见表6–1。

表6–1　交际能力

代表人物	主要观点
卡纳尔和斯温	交际能力包括语言能力、社会语言能力、篇章能力和交际策略四个方面。这个观点已经被大多数业界人士认可
范艾克	交际能力所涵盖的范围应该更大、更全面，认为外语交际能力应该包括：语言能力、社会语言能力、篇章能力、交际策略、社会文化能力、社会能力

续表

代表人物	主要观点
巴克曼和帕尔默	交际能力重新划分为语言能力、策略能力和生理心理机制三个部分。语言能力包括组织能力和语用能力两部分；策略能力是运用语言知识的心理能力，是语言能力与现实世界沟通的桥梁；生理心理机制是语言交际能力的生理心理基础，是语言交际能力赖以存在和发展的前提
陈国明	“交际能力”被称为沟通能力或胜任度，而“有效性”与“适当性”则构成了交际能力的主要内涵，有效性意指个人在互动过程中用以产生某种意欲结果的能力；适当性，则泛指互动者达到沟通情境的脉络需求的能力

二、跨文化交际能力

跨文化交际是指具有不同文化背景的人从事交际活动的过程。至于交际的效能如何，主要取决于交际双方的跨文化敏感度、沟通技巧和交际行为的灵活性等，即取决于交际者的跨文化交际能力。“跨文化交际能力是个体所具有的内在能力，能够处理跨文化交际中的关键性问题，如文化差异、文化陌生感、本文化群体内部的态度，以及随之而来的心理压力等。这种能力并非与生俱来或一蹴而就，必须经由一段教育与学习的过程才能慢慢习得。”①

跨文化交际能力较为复杂，可以从不同的视角进行分析解读。对于跨文化交际能力的构成，不同国家有不同的看法，主要包括：①跨文化交际能力框架是由知识、态度和技能三部分组成的；②跨文化交际能力包括四个方面，即知识、意识、态度和技能；③跨文化交际能力包括有效、恰当和来自不同文化背景的人们进行交际的知识、行为和技能；④跨文化能力包括行为的灵活性、歧义的容忍度、交际意识、知识探索移情和尊重他人。

综上所述，跨文化交际能力应该包括三种重要的组成部分，第一种是认知层面的能力；第二种是情感层面的能力；第三种是行为层面的能力。从认知的层面进行分析，对于交际者而言，他们在日常生活和工作中要想顺利地开展交际需要掌握各种文化知识，这不仅包括一些基础的文化知识，还包括

① 刘荣，廖思湄．跨文化交际 [M]. 重庆：重庆大学出版社，2014：195.

很多领域的专业知识等；从情感的层面进行分析，对于交际者而言，交际者在实际的交际过程中需要具备一定的文化敏感性，从而能够尊重并包容其他的文化以及行为等；从行为的层面进行分析，对于交际者而言，交际者需要在日常生活和工作中不断提升自身的各项能力，如心理适应能力以及语言表达能力等，从而加大交际成功的概率。

跨文化交际能力概念中，两个地位等同、密不可分的因素是交际的有效性和行为的合适性。交际的有效性是指与来自异文化的人沟通，达到交际的目的。传递了信息、实现了沟通就是有效的交际。行为的合适性是指在异文化的各种情况下能选择合适的行为。将这两者糅合在一起就是跨文化交际能力的定义，它是指在异文化环境里，要按照自己的意愿实现某个目的时，为此所选择的交际行为在异文化的人看来也是合适的，可以接受的。一个人在掌握了一门外语的语言能力和交际能力之后，他的文化能力就能正确地判断交际场合和交际目的，合适地使用语言，有效地表达和传达意思。因此可以说，交际能力与文化能力的有机融合是有效形成跨文化交际能力的重要基础。

第二节　跨文化交际能力的影响因素

跨文化交际是跨越性很强的学科，又是多个学科的交叉，由于跨越性质使得跨文化交际能力极具立体性。这种能力是培养交际型人才的一种方式，这是20世纪90年代对这种能力提出的要求，即对交际者的要求，如跨文化的敏觉力、跨文化的意识以及对文化差异处理的技巧和灵活度，这几点是密切相关的且有着层级关系。很明显，对文化差异的处理技巧和灵活性占据最高层，最底层是对跨文化的敏觉力，占据中间位置的是跨文化意识。也就是说，交际者首先要具备对文化差异的敏锐意识，然后才能站在一定的高度产生交际的兴趣，再针对不同的情形自我调节，只有跨文化意识增强了才能灵活地去处理遇到的问题，使跨文化交际能力达到最高点。所以培养这类人才一定要循序渐进，不可操之过急。

一、跨文化交际的敏觉力

跨文化交际能力具备的第一个要素就是跨文化敏觉力。一个人在特殊环境下与有着不同文化层次的人进行交流时发生的情感变化，就是跨文化敏觉力的情感表现形式。从情感角度出发，拥有这种能力的人，能够完美地驾驭整个互动过程，并将在此过程中产生的正面情感传播出去，把当事人很好地代入其中，让其自然地接受这种文化差异，这整个过程都很好地体现出跨文化敏觉力。

跨文化敏觉力是一个人从认知、情感再到行为层次的发展过程，从民族中心主义到民族相对主义的连续体，具有六个成长阶段：否认阶段，不存在文化差异；防守阶段，文化差异相对较弱，保持慎重态度；最小化阶段，文化差异可忽略，把自己的文化世界观视为普遍的；接受阶段，文化差异处在中性位置；自我调适阶段，文化差异往正向积极态势上转移；融合阶段，文化差异已成为自身文化的一部分，在不同的文化世界观中自由出入。

文化差异的敏感性是在不同的文化交汇情境下用灵活的方式去应对文化差异的能力，不能只停留在表层，表层很容易识别，无须经过训练，最主要的是要去发掘隐藏在人们思想和行为中的深层差异，也要深知东西方人们交际的习惯。所以一定要培养识别深层文化差异的能力，而且必须对不同的文化知识进行学习和解读，积累经验。跨文化敏觉力包含了很多层面，如自信心、自我调适能力、开明立场、中立态度以及社交能力等，具有丰富的内涵。

（一）跨文化敏觉力的自信心

当交际者面对自己不熟悉的领域文化，在文化素养和知识修养层面要充满自信，带着这种自信从容不迫地去面对交际中的各种情景，态度积极向上，也有利于接受异国文化，双方交际者也更容易达成共识。跨文化交际中难免会出现问题，遇到挫折，充满自信的交际者会灵活自如地应对，并尽快调节好状态，顺利走出逆境。跨文化交际的开明态度决定了拥有多元化文化的心态，一定要理解并接受对方的文化，不能用自己的文化世界观去衡量对方交际者的言行举止。

（二）跨文化敏觉力的开明度

有关多重文化人的说法就是对跨文化交际开明度最好的诠释。多重文化人在心理和社交方面游刃有余。在跨文化敏觉力方面表现突出的人，容易遵循入乡随俗的原则，愿意尊重认可对方的观念，设身处地为他人着想，不会用一种行为规范去判定对方的合理性，彼此认可对方文化，以开放的心态包容万象。开明还意味着要站在对方的立场去解释其行为和思想，并善于倾听，切不可以自我为中心。

（三）跨文化敏觉力的自适力

自适力是指在跨文化交际中，随着交际场景和时间的改变能够自我调节并快速适应当下的一种能力。自适力突出的交际者能够迅速应对当下环境并从对方交际者的一言一行中抓取有效信息，随时调整自己的言行举止，最大限度地实现交际目标，促进任务完成。

（四）跨文化敏觉力的中立态度

中立的态度是交际者在聆听对方言论时，将对方要表达的意思尽快理清楚，不受自己思维的影响，积极地迎合对方。在双方对话过程中，不要用评判的语言和态度去解读他人的行为，不以自己的文化世界观去衡量对方的文化立场，摒除民族主义的偏见，聆听的过程中用眼神和对方进行交流，不盲目打断，尊重对方，让整个过程是愉悦满足的。

（五）跨文化敏觉力的从容

从容是指在跨文化交际中不显露焦虑情绪的能力。跨文化交际很考验一个人的心理素质，面对各种各样的情景和周边压力，要能够应付自如、不急不躁、克服各种困难和焦虑，始终以平和的心态去面对各种交际难题。这种从容淡定也可以使平时的经验积累和生活经验发挥出作用，机智灵巧地打破交际困境，扫除障碍，顺利达成共识。

跨文化敏觉力突出者，与不同文化背景的人交流时可以迅速融入环境中，尊重客观事实，公平看待文化冲突，在倾听过程中捕捉主要目的，迅速调整状态，更自信地处理其中的曲折，灵活应对可能出现的各种变故和障碍因素，确保交际的有序进行。

二、跨文化交际的认知能力

在跨文化交际中，“人们应表现出积极的态度，承认并尊重文化差异，具有较高的跨文化敏感度，尊重文化差异。”戴晓东在论著《跨文化交际理论》中，把跨文化交际的第二个层面概括为认知过程，即跨文化意识。自我意识和文化意识是戴晓东所阐述的两个主要层面。自我意识是指对自己言行举止的一种监视以及对特有的文化身份的领悟，文化意识是指面对交际中的文化差异及人们的心理如何权衡和取舍。

跨文化意识要求对各个民族/国家的文化模式以及现象和规约等要有正确的理解力，把各文化之间的关系领悟透彻，依据自己悟到的文化特性改变自己的行为和思想，进一步促成跨文化自觉性。具备跨语言能力是跨文化意识的前提条件，跨语言能力所能达到的深度和广度是跨文化意识的基础。交际者形成了跨文化意识，也就表明身份已经得到了蜕变，已从单一文化过渡到多重文化，也站到了第三方文化的制高点去领悟世界各国文化，在复杂多变的文化现象面前和不同的文化语境中游刃有余。

语言能力和文化能力是跨文化交际中所包含的两种认知能力，也可以说是言语交际和非言语交际能力。在跨文化交际中常用的方式就是言语和非言语两种，语言能力的体现是言语交际的表现形式，交际者对双方文化背景的洞悉程度和理解能力是衡量非言语交际能力高低的标准，非言语交际中的许多因素像体态及环境语言、客体和副语言等都蕴含了丰富的文化知识，交际者要想恰当地处理这些非言语的信息就要拥有丰富的跨文化背景知识，这样才能使交际有效进行。不同的文化背景和内部结构会导致言语中出现误解和盲点，而非言语交际则进行了有利的补充，二者珠联璧合，使双方达成共识，保证了交际的顺利进行。

三、跨文化交际的行为能力

跨文化行为能力是跨文化交际能力的第三个基本要素，跨文化行为能力即人们常说的跨文化交际的灵巧性，突出交际者所具备的提升交际有效性的能力和技巧。具体来说，是指交际者对交际目标完成的能力和对交际行为实施的能力，其灵巧性主要体现在非语言信息和语言信息两大类，分为社交技巧、交际行为的灵活性、信息的传达、自我表露和互动的管理五个方面。

一是社交技巧。维护身份和移情是社交技巧两个层面的主要内容。移情属于美学上的概念和观点，这个名字第一次出现在德国人罗伯特·费肖尔所著的《视觉的形式感》一书中。首个将属于美学领域的移情概念运用到语言学领域的是日本语言学家库诺，此后，跨文化交际学领域也逐渐使用移情这个概念。移情在跨文化交际领域中，表示交际主体自动对文化立场进行转换，在与他人交际的过程中，有意识地对本土文化的思维方式和俗套进行超越，从而将自己的身份转变移动到另一种文化方式中，对另一种文化实现切身的体会和感悟。在跨文化交际中，移情作为桥梁将交际者之间的文化和情感进行连接，这是交际者开展有效沟通和有效交际的重要能力之一。

二是交际行为的灵活性。交际行为的灵活性是指交际者开展交际活动时，以交际时间和交际对象作为依据灵活地对交际事务进行处理和应变的能力，进一步将交际者选择交际策略的高效性和准确性体现了出来。如果交际者在交际行为的灵活性上拥有较高的水准，能够灵活使用语言提示，迅速捕捉对方的身份信息，对自己的交际行为进行一定的调整，则有利于推动良好互动关系的建立。

三是信息的传达。交际能力的重要体现之一是交际灵巧性，主要是指交际者将自己有限的语言知识充分调动起来运用到交际活动中的能力。在跨文化交际活动中，交际者掌握一定的交际技巧，并能灵活运用，便会打破文化水平和语言水平不足带来的交际能力的制约，从而提升交际能力。信息传达惯用的技巧是，交际者将自己具备的文化知识和语言知识充分运用起来，加上适当的交际技巧和策略的作用，将信息转化为对方可以理解的内容向其传达，这对交际者的双文化功底和语言能力提出了更高的要求，并且要求交际者通过交际实践积累经验，促进信息传达技巧的提升，如此一来，便能防止发生文化误解和信息误解带来的交际障碍问题，保障交际顺利良好开展。

四是自我表露。具体来说，自我表露是指在交际者与交际对象进行交流时，将自我情感和自我心意通过合适的方式坦露、表现出来。在跨文化交际场合和活动中进行表露会产生一定的导向作用。交际中，应恰当表露心态，保持不做作、自然的方式，以对方的语言水平和文化背景作为重要参考，不然很容易得到适得其反的效果，引起对方反感甚至厌烦，对交际者产生不利影响。与此同时，交际的有效性受到自我表露和信息传达准确性的影响。

五是互动的管理。互动的管理表示交际者进行交际的过程中控制和把握互动局面的能力，是指在具体的交际活动中，交际者对交流主题、交流的节奏和说话顺序进行适当控制，准确把握住开始和结束对话的时机。如果交际者具有较好的互动管理能力，便能将交际对象充分地调动起来，最终实现自己的交际目的。

第三节　跨文化交际能力的培养途径

一、跨文化交际能力的培养模式

在当今世界，跨文化交际能力的重要性已不言而喻，很多人从不同的角度出发开展了自己的研究并提出了多种模式，下面我们简要分析以下常见模式。

（一）构成三分模式

在构成三分模式下，跨文化交际能力可以从三个层面展开分析：一是认知层面；二是情感层面；三是行为层面。第一个层面主要包括目的语文化知识；第二个层面涵盖对不确定性的共情能力；第三个层面主要指的是具体问题的解决能力。

构成三分模式是从心理学理论的维度出发提出的，并且为跨文化能力的培养指出了一个新的发展方向。

（二）行为中心模式

行为中心模式强调培养学生的跨文化交际能力，其关注的焦点是交际行为是否达成，也可以将其简单称作“功效”。功效如何与个人的适应、任务的完成情况等都是密切相关的，其中，居于首要地位的是任务的完成情况，如果学生具有良好的跨文化交际能力，那么就能高效地完成工作任务。

（三）知识中心模式

知识中心模式侧重的也是实践能力的培养。其是基于认知层面产生的，并且在各个教学环节中，这一模式都是比较容易操作的，因而深受教师的喜欢。具体到教学实践中，教师可以设置诸如历史文化以及艺术欣赏之类的课程，让学生对该类文化能产生深入认知。

【思考与练习】

1. 跨文化交际能力的第一要素是什么？
2. 跨文化交际能力的影响因素有哪些？
3. 请阐述跨文化交际能力的培养模式。

【参考答案】

参考答案1：跨文化敏觉力是跨文化交际能力基本要素的第一个要素。

参考答案2：跨文化交际的敏觉力、跨文化交际的认知能力、跨文化交际的行为能力。

参考答案3：①构成三分模式。在三分模式下，跨文化交际能力可以从三个层面展开分析：一是认知层面；二是情感层面；三是行为层面。②行为中心模式。行为中心模式强调培养学生的跨文化交际能力，其关注的焦点是交际行为是否达成，也可以将其简单称作“功效”。功效如何与个人的适应、任务的完成情况等都是密切相关的，其中，居于首要地位的是任务的完成情况，如果学生具有良好的跨文化交际能力，那么就能高效地完成工作任务。③知识中心模式。知识中心模式侧重的也是实践能力的培养。其是基于认知层面产生的，并且在各个教学环节中，这一模式都是比较容易操作的，因而深受教师的喜欢。具体到教学实践中，教师可以设置诸如历史文化以及艺术欣赏之类的课程，让学生对该类文化能产生深入认知。

结束语

随着全球化趋势的不断加强，不同文化背景的人要想实现有效交流，不仅需要语言上的沟通，还需要在了解彼此文化的基础上，实现跨文化交际。本书旨在帮助跨文化交际参与者获取更多的跨文化交流策略，进一步提高他们的跨文化交际能力，促进跨文化交际的顺利进行。

参考文献

［1］安小可.跨文化交际［M］.重庆：重庆大学出版社，2019.

［2］丁芝慧.中英问候语对比及跨文化交际策略的选择［J］.科教文汇（上旬刊），2019（7）：176.

［3］冯敏.跨文化交际理论视角下商务英语语用能力培养策略研究［J］.外国语文（四川外语学院学报），2014，30（1）：153–156.

［4］符丹，符可.论非语言交际对跨文化商务沟通的影响［J］.商业时代，2011（12）：144–145.

［5］高璐夷，储常胜.翻译教学中跨文化认知能力研究［J］.遵义师范学院学报，2017，19（2）：79.

［6］黄晶，李镁.非英语专业大学生跨文化交际能力调查［J］.教育学术月刊，2012（5）：110–111.

［7］黄净.跨文化交际与翻译技能［M］.天津：天津大学出版社，2019.

［8］纪红，左娟霞.跨文化交际中汉英数字习语文化内涵比较［J］.安徽水利水电职业技术学院学报，2021，21（2）：73.

［9］江晓悦.文化差异对国际商务英语翻译的影响及对策［J］.河北广播电视大学学报，2021，26（4）：63.

［10］李美阳.商务英语教学视角下跨文化意识培养模式研究［J］.黑龙江高教研究，2013，31（5）：181–182.

［11］李淞.模糊语言在跨文化商务英语谈判中的应用研究［J］.中国商贸，2010（12）：206–207.

［12］刘荣，廖思湄.跨文化交际［M］.重庆：重庆大学出版社，2014.

［13］吕丽盼，俞理明.双向文化教学——论外语教学跨文化交际能力培养［J］.中国外语，2021，18（4）：62-67.

［14］彭云鹏.文化图式与跨文化交际［J］.河北学刊，2011，31（3）：241-243.

［15］阮桂君.跨文化交际与实践［M］.武汉：武汉大学出版社，2017.

［16］沈学恩.基于跨文化交际视角的商务英语人才培养实践［J］.中国商论，2017（15）：190-191.

［17］隋虹.跨文化交际：理论与实践［M］.武汉：武汉大学出版社，2018.

［18］索成秀.培养跨文化交际能力 增强大学生竞争优势——评《跨文化沟通》［J］.山西财经大学学报，2021，43（11）：131.

［19］索成秀.新媒体时代大学生跨文化交际能力的立体培养——评《新媒体时代跨文化交际视听说教程》［J］.中国广播电视学刊，2021（2）：131.

［20］汪蕊.浅谈语言与文化的关系［J］.明日风尚，2020（6）：185.

［21］王少华.跨文化视角下的英语翻译教学策略——评黄净《跨文化交际与翻译技能》［J］.当代教育科学，2020（10）：97.

［22］王姝丽.网络环境下跨文化商务沟通研究的嬗变［J］.学术交流，2012（2）：134-137.

［23］王秀琴.跨文化非语言交际中的空间语探究［J］.河南师范大学学报（哲学社会科学版），2011，38（4）：205-207.

［24］王颜，郑美静.跨文化语境下英语翻译技巧——评《化工英语》［J］.塑料工业，2019，47（11）：160.

［25］谢笑鸽.跨文化交际视野下中亚国家招呼语和告别语研究［D］.乌鲁木齐：新疆师范大学，2019：10-11.

［26］杨爱美.跨文化意识在商务英语翻译中的运用［J］.中国商论，2017（25）：128-129.

［27］袁贵富.国际商务中合同英语的特点分析［J］.中国商论，2018

（18）：61–62.

［28］袁靖.构建大学生跨文化交际能力量表的理论模型——基于《大学英语教学指南》［J］.外语学刊，2021（1）：74–78.

［29］袁晓静.跨文化交际背景下食品英语翻译教学研究［J］.中国油脂，2021，46（4）：157–158.

［30］赵娟.跨文化交际与文化自信生成［J］.人民论坛，2020（5）：138–139.